초등학생이 알아야 할
참 쉬운
시장과 경제

라라 브라이언,
앤디 프렌티스 글

페데리코 마리아니 그림

데이비드 스톨리브래스, 페드루 세로디우 감수
고정아 옮김

차례

경제학이 뭐예요? ... 4
경제란 무엇인가요? ... 6
경제학자는 무엇을 공부하나요? ... 8
경제학을 하는 방법은 무엇인가요? ... 10

제1장 부족한 자원 ... 13
우리가 살아가는 데 필요한 많은 것들을 어떻게 선택해야 할까요?
왜 시간은 항상 부족한 걸까요? 이것이 경제학이 존재하는 가장 큰 이유예요.

제2장 시장 ... 23
사고파는 과정 중에 어떻게 마술처럼 가격이 정해질까요?

제3장 선택하기 ... 37
사람들은 어떻게 선택을 할까요?
왜 사람들은 종종 예상치 못한 선택을 할까요?
기업과 정부는 어떻게 사람들의 선택을 바꿀까요?
왜 사람들은 무언가를 원할까요?

제4장 생산, 수익, 경쟁 ... 51
기업은 어떤 큰 선택을 할까요? 왜 경쟁이 중요한가요?
왜 어떤 기업은 공해를 만들어 낼까요?
우린 이런 기업을 어떻게 해야 하나요?

제5장 경제 제도 ... 67
모든 것을 공정하게 나눌 수 있는 규칙이 있을까요?
아니면 승자와 패자로 나뉘는 게 나을까요?
사람들은 어떤 방식을 시도할까요?

제6장 거시 경제학   75
경제를 측정하기 위해 정부가 사용하는 도구가 있을까요?
정부의 선택이 각각의 사람들과 경제 전체에 어떤 영향을 미칠까요?

제7장 국제 무역   91
어떻게 전 세계 사람들이 서로의 물건을 사고팔며 이익을 얻을까요?
그리고 왜 때때로 정부는 나라끼리 물건을 사고파는 걸 싫어할까요?

제8장 중요한 질문들   103
어떻게 경제는 전쟁이나 기근, 지구를 구하는 일까지 모든 것을 이해하는 데
도움이 될까요?

세상을 이해하기 위한 방법   118
이제 무엇을 해야 할까요?   120
낱말 풀이   122
경제학에 관련된 직업들   124
찾아보기   125
만든 사람들   128

인터넷에서 자료 찾기

어스본 바로가기(usborne.com/quicklinks)에 방문해서
검색창에 'Economics for beginners'를 입력해 보세요.
경제학에 관한 여러 가지 활동과 자료를 얻을 수 있어요.
다만 연결되는 웹사이트는 모두 영문으로 제공된답니다.

우리가 추천하는 웹 사이트에서는 다음과 같은 활동을 해 볼 수 있어요.
- 무역과 시장에 관한 다양한 동영상 보기
- 인플레이션을 조절하는 게임 해 보기
- 경제 용어에 대한 퀴즈 풀기

경제학이 뭐예요?

어떤 사람들은 경제학이 돈, 은행, 아주 복잡한 그래프를 설명하는 일이라고 생각해요. 하지만 사실 경제학은 훨씬 더 단순해요. 경제학은 **사람들이 왜 그런 선택을 했는지 이해하는 일**이에요.

초콜릿 컵케이크 두 개와 파인애플 컵케이크 두 개가 있다고 생각해 보세요. 네 명이 한 개씩 먹으면 딱 맞겠죠. 이걸 어떻게 나눠 먹을까요?

무언가가 충분하지 않은 것을 **희소**하다고 해요. 희소성은 경제학에서 중요한 개념이에요. 희소성 때문에 사람들은 선택을 해야 하죠. 우리가 물건의 희소성 때문에 선택을 해야 하는 경우는 생각보다 훨씬 많아요.

경제란 무엇인가요?

한 집단의 사람들이 무슨 일을 할지, 무엇을 사고팔지에 대해 선택을 하면, 그 사람들은 **경제**를 이루어요. 경제는 선택을 하는 사람들의 수에 따라서 아주 작을 수도 있고, 엄청나게 클 수도 있어요.

한 집에 사는 사람들도 경제를 이루어요.

"내가 청소를 할 테니까 넌 설거지를 해."

한 도시에 살면서 일하는 사람들도 경제를 이루어요.

"출근할 때 차를 끌고 갈까? 버스를 타고 갈까?"

"우리 콘서트 티켓이 매진됐어!"

"도시에 공원을 더 많이 지으면, 학교에 쓸 돈이 줄어들어."

"가게를 하나 더 열어야 할까?"

한 나라의 모든 사람도
경제를 이루어요.

왜 이 도시는
다른 지방보다
훨씬 더 가난하지?

고속도로를 어디에
새로 건설하지?

어떻게 해야 일자리를
더 만들 수 있을까?

우리 아이스크림을
오스트레일리아에도
팔아야 해.

독일로 이민 가자.
독일에 가면 더 잘살 수 있을 거야.

또 다시 대홍수가 닥쳤어.
다른 나라에 도움을
부탁해야겠어.

이 문제는
전 세계 사람들 모두의 힘을
모아야 해결할 수 있어.

한 나라나 전 세계 같은 큰 경제는 가정, 마을, 도시처럼 그 안에 있는 수많은 작은 *경제들*이 서로 얽혀서 이루어져요.

경제학자는 무엇을 공부하나요?

경제학자는 경제를 연구하는 사람이에요. 어떤 경제학자는 개인이나 작은 집단을 집중하여 연구하고, 또 어떤 경제학자는 멀리서 더 큰 상황을 지켜보아요. 경제학자들은 때로 생각지 못한 놀라운 질문을 하고, 그 답을 찾으려고 해요.

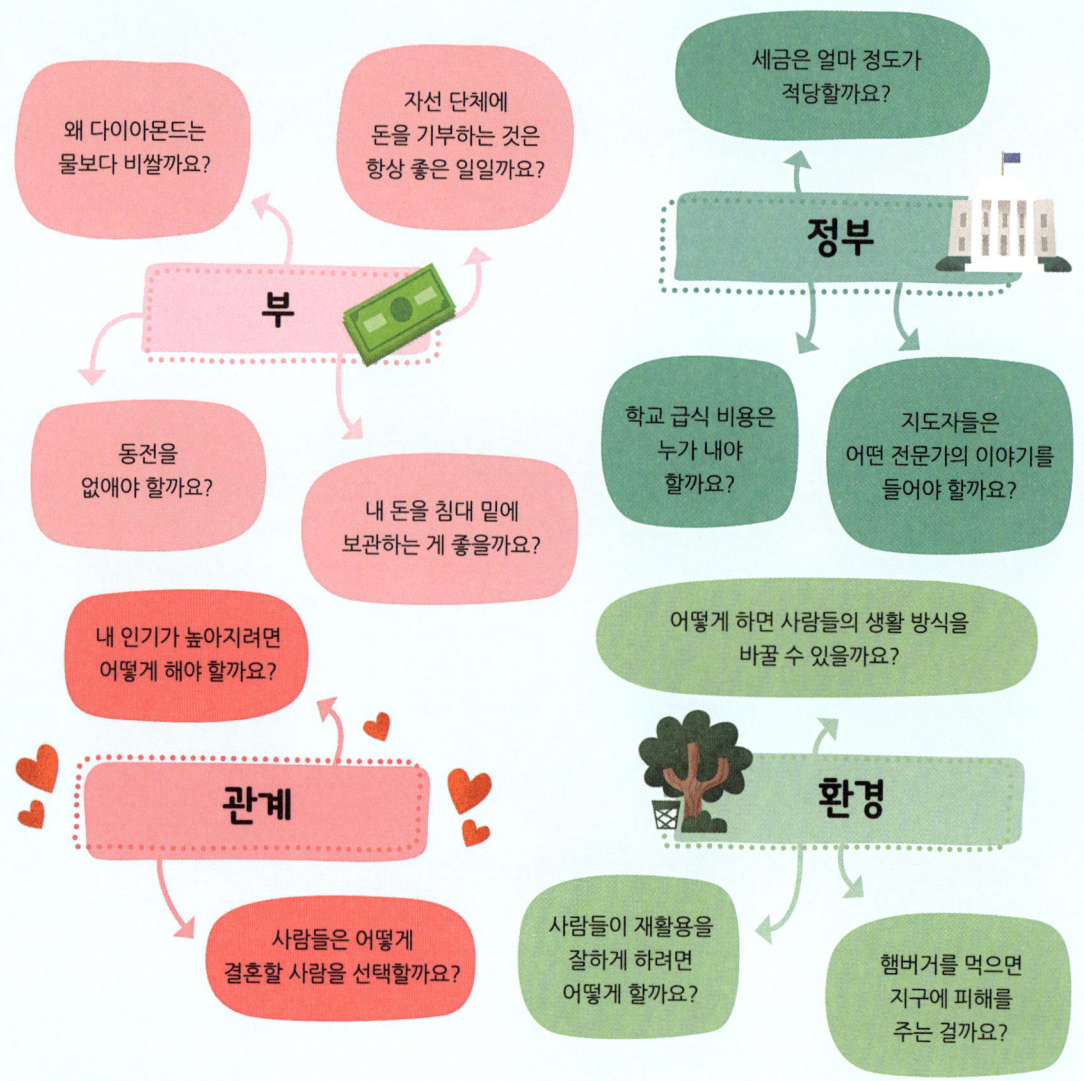

경제학의 목적

경제학자들은 이런 많은 질문에 대한 답을 찾아서 사람, 기업, 정부가 더 좋은 선택을 하도록 도와주려고 해요. 그리고 이 세상을, 세계를 더 좋고 공정한 곳으로 만들고 싶어 하지요. 경제학의 목적은 사람이나 정부에 '맞다', '틀렸다' 평가를 내리는 것이 아니에요. 사람들이 하는 선택을 관찰하고 왜 그런 선택을 했는지 알아보는 거랍니다.

일

- 모든 사람에게 일자리가 있어야 하나요?
- 일은 몇 살까지 하는 게 좋을까요?
- 일을 오래 하는 사람의 생산성이 더 높을까요?
- 왜 여자들은 남자들보다 돈을 적게 벌까요?

범죄

- 은행을 털기 가장 좋은 시간은 언제일까요?
- 왜 빈곤층이 범죄를 더 많이 저지를까요?
- 범죄자를 감옥에 넣는 게 좋은 일일까요?

기업

- 왜 1월에 할인 판매를 하는 기업이 많을까요?
- 대기업은 나쁜가요?
- 어떻게 해야 내 제품을 더 많이 팔 수 있을까요?

가족

- 아이를 키우는 데 돈은 얼마나 들어갈까요?
- 부모님과 같이 살아야 할까요? 독립해야 할까요?

무역

- 자유 무역을 하면 세상의 부가 늘어날까요?
- 다른 나라 사람과의 거래를 믿을 수 있을까요?
- 아이들이 신발을 만드는 게 문제가 되나요?

스포츠

- 관중이 경기 결과에 영향을 미칠까요?
- 연속 득점을 얼마까지 할 수 있을까요?

미래

- 우리는 빈곤을 없앨 수 있을까요?
- 로봇 때문에 내 직업이 없어질까요?
- 화성을 개발하면 세계 경제가 좋아질까요?

경제학을 하는 방법은 무엇인가요?

사람들은 왜 특정한 선택을 할까요? 그 선택의 결과는 무엇일까요? 이런 종류의 문제를 연구하기 위해서 경제학자들은 대개 한 가지 설명, 즉 **모형**을 만들어 내는 일부터 시작해요.

문제의 예

올해 쌀 수확량이 매우 좋지 않습니다. 쌀은 세계 인구의 절반 이상이 먹고 사는 중요한 식량인데요, 쌀이 부족하면 어떤 일이 일어날까요?

모형의 예

쌀이 부족하면 가격이 치솟고, 많은 사람들이 고통을 겪을 것입니다.

모형 만들기

모형은 어떤 일이 돌아가는 방식을 간단하게 설명하는 방법이에요. 쌀의 예에서는 양과 가격의 관계를 설명하고 있어요. 경제학자들은 모형을 보여 줄 때 말 대신 그래프를 사용하기도 해요.

그래프가 복잡해 보이지만, 내가 한 말과 똑같은 내용을 수학으로 표현한 것입니다.

모형은 **예측**을 하는 데 도움이 돼요.

그러니까 쌀의 소매가격이 30퍼센트 오를 거라고 예측하시는 거죠.

정부가 취약 계층을 위한 식량을 비축해 두어야 합니다.

시험하기

경제학자들은 모형을 시험하기 위해 정보나 **데이터**를 수집하고, 모형과 맞는지 살펴봐요.

모형이 아주 정확했어. 덕분에 정부가 올바른 계획을 수립하게 도와줄 수 있었어.

데일리 신문
정부 쌀 배급 시작
취약 계층 지원

경제학은 논증이에요

모든 경제학자가 데이터를 수집하고, 때로는 똑같은 데이터를 연구하지만, 결론은 서로 다른 경우가 많아요.

쌀 배급 제도가 사람들의 굶주림을 막아 줬어요! 정부가 나서서 문제를 해결해야 해요.

배급 제도가 답이 된 적은 없어요. 정부가 끼어들지 않아도 시간이 지나면 쌀값이 내려갈 겁니다.

다른 사람들과 마찬가지로 경제학자들도 사회가 어떻게 돌아가야 하는지, 무엇이 공정한지에 대해서 견해가 서로 달라요. 심지어 이 책에서도 경제학을 설명하는 방법과 예를 선택할 때, 우리가 중요하다고 생각하는 **성향**에 따라 결정되지요. 세계를 보는 다양한 시각을 살펴볼까요? 사람에 따라 어떤 견해에는 강하게 동의할 수도 있고, 또 반대할지도 몰라요.

세상은 너무 불평등해. 부자하고 가난한 사람이 있는 건 불공평한 일이야.

대기업은 나빠! 대기업이 돈을 잘 버는 건 작은 회사들을 힘으로 몰아냈기 때문이야.

나는 대기업이 좋다고 봐요! 경쟁자들보다 좋은 제품을 만들어서 돈을 버는 거잖아요.

이 세 가지 의견을 각각 뒷받침할 수 있는 경제학자들의 연구도 있어요.

영국 경제학자 존 로빈슨은 이렇게 말했어요.

경제학을 공부하는 목적은 경제학자에게 속지 않기 위해서입니다.

제1장
부족한 자원

모든 사람이 아무런 노력 없이 원하는 것을
다 손에 넣을 수 있다면, 경제학자는 필요 없을 거예요.
하지만 우리가 사는 세상은 그렇지 않죠.

사람들은 매일매일 살아가는 방식에 대해
많은 선택을 해야 해요. 세상에는 식량, 재료,
에너지 같은 **자원**이 **희귀**하고,
사람의 시간도 한정되어 있기 때문이지요.
이런 문제를 연구하는 것이 경제학의 기본 과제예요.

살아남기 위한 과제

지구에 처음 살기 시작했을 때부터 지금까지 사람은 언제나 먹을 것과 마실 물, 살 집이 필요했어요. 경제학자는 우리가 이런 필요를 채우기 위해 지구의 자원을 사용하는 일, 즉 **소비**하는 일에 대해서 이야기해요.

우선, 먼 조상들이 소비했던 자원에 대해 살펴보아요.

어떤 날은 자원을 구하기가 꽤 쉬웠을 거예요. 하지만 자원이 매우 희소한 날들도 분명히 많았겠죠.

우리 주변의 모든 것이 잠재적 자원이에요. 현대 경제는 옛 조상들과 달리 아주 *다양한* 자원을 소비해요. 먹고, 마시고, 도구로 쓰는 것들 말고도 많은 것이 자원이 되지요. 몇 가지 예를 알아보아요.

| 햇빛 | 거름 | 석유 |

| 우라늄 | 모래 | 바람 |

선택의 비용

모든 선택에는 직접 돈을 내지 않더라도 비용이 생겨나요. 우리가 무언가를 선택하면 다른 것을 할 수 없기 때문이죠. 경제학자들은 이것을 **기회비용**이라고 해요. 우리가 *하지 않기로* 결정한 모든 일이 기회비용이 돼요.

사람들은 선택을 하기 위해 그것이 어느 정도의 이익을 가져다줄지 따져 봐요.
경제학자들은 이것을 **효용**이라고 해요.

어떤 것의 효용은 사람에 따라 달라져요.

사람은 복잡해요. 그래서 재미있는 결정을 내리기도 하지요.
무엇이 최고의 효용을 주는가는 아주 많은 요소에 따라 결정돼요.

가장 안전한 선택은 달아나는 것이지만, 이 소녀는 목숨을 걸고 아버지를 구하는 걸 선택했어요.
아버지가 살아 있는 것이 자신에게 가장 도움이 된다고 생각했기 때문이에요.

자원을 물건으로 만들기

우리는 자원을 사용해서 다른 물건을 만들기도 해요. 이런 일을 **생산**이라고 해요. 경제학자들은 대개 생산 과정을 네 개의 큰 부분으로 나누어요.

1) 무언가를 생산하려면 무얼 만들지, 어떻게 만들지에 대한 **아이디어**가 필요해요.

2) 다음에는 **자원**이 필요해요.

3) 무언가를 생산하기 위해 하는 일을 경제학자들은 **노동**이라고 불러요.

노동은 몸으로 무언가를 만드는 일뿐 아니라 다른 일들도 가리켜요. 아이디어를 떠올리는 일, 작업을 이끄는 일 등 시간이 들어가는 모든 일이 노동이에요.

이렇게 해서 생산이 이루어져요.

생산 = 아이디어 + 자원 + 노동 + 자본

새로운 아이디어, 도구, 기술이 있으면 **생산성**이 높아져요. 더 많은 물건을 더 효율적으로 만든다는 뜻이지요. 경제학자들은 생산성이 사람들의 삶을 더 좋게 만들어 주기 때문에, 생산성을 연구해요. 담장 덕분에 이 가족은 전보다 안전해졌어요.

자원에서 경제로

우리가 살아가는 데 필요한 모든 물건을 직접 만들어야 한다고 상상해 보세요.
그리고 다른 사람들도 다 마찬가지라고 상상해 보세요. 별로 효율적이지 않을 거예요.
대부분의 일은 여럿이 나누어서 하는 것이 좋아요.

경제학자들은 일을 나누는 것을 **특화**라고 불러요.

어떤 사람들은 **재화**를 모으고 생산하는 데 특화돼요. 사람들이 원하는 물건을 재화라고 해요.

어떤 사람들은 다른 사람을 도와주는 일에 특화돼요. 이런 일을 **서비스**라고 해요.

사람들이 많은 시간을 들여 한 가지 일에 특화를 이루면 효율성이 높아져요.
새로운 기술의 발명과 물건의 생산 속도가 빨라지지요.

바느질은 다 내 차지야.
이제 나는 옷을 한 시간에
두 벌씩 만들 수 있어.

나는 새로운 발명을 잘해.
내가 최근에 발명한 건
'문'이라는 거야!

한 가지 일에 특화된 사람들은 대개
자신에게 필요한 것보다 더 많은 양을 생산해요.
이렇게 필요 이상으로 생산한 것을 **잉여**라고 해요.

고기를 내가 먹을 수 있는
양보다 더 많이 잡았어.
이걸 어떻게 하지?

잉여는 경제에 필수적이에요. 사람들은 자신의 잉여를 교환하거나 **거래**해서 자신에게 필요한 다른 모든 것을 얻으려고 해요.

물건과 물건을 직접 맞바꾸는 것을 **물물교환**이라고 해요.

오늘날에는 주로 돈을 사용해서 거래를 해요.

수천 년 전부터 지금까지, 특화와 거래는 크고 작은 모든 **경제**의 기초예요.

생산

거래

소비

공동체를 이루어 생산하고 거래하고 소비하는 사람들의 집단을 모두 **경제**라고 해요.

제2장
시장

아이스크림을 만드는 일부터 수술을 하는 일까지
사람이 하는 모든 일에는 지식, 재화, 서비스와 아이디어를
교환하는 일이 필요해요. 사람들이 서로 만나서
이런 것을 교환하는 장소를 **시장**이라고 해요.

경제학자들은 오랫동안 온갖 종류의 시장을 분석하고,
시장이 작동하는 다양한 방식을 알아냈어요.
또 거래를 공정하고 효율적으로 만들어 줄
여러 가지 아이디어도 냈지요.

만들기, 사기, 팔기

사람들은 경제 공동체 안에서 무언가를 만들고 사고파는 일을 통해 자신에게 필요한 물건을 얻어요. 이런 일은 단순해 보이지만 그 과정의 매 단계에서 마술 같은 일이 일어나요. 바로 *가치가* 창조되는 거예요.

2,000년 전에 바위 조각상을 생각해 보세요.

바위로 무언가를 *만드는* 일은 바위에 가치를 더해 줘요.

조각상을 *거래하는* 일도 가치를 창조해요.

거래가 성립하려면, 양쪽이 모두 이득이 있다고 생각해야 해요.
또 상대가 약속한 재화를 공급하고, 합의한 금액을 지불할 거라고 **신뢰**해야 하지요.

서로의 재화와 서비스를 아무리 원한다고 해도, 상대를 찾지 못하면 거래를 할 수 없어요. 그래서 **시장**이 생겼어요. 그리스의 *아고라*, 중국의 *시창*, 페르시아의 *수카*는 모두 고대의 시장을 가리켜요.

많고 많은 시장

가게들이 가득한 시장 말고도 우리 주변에는 다양한 시장이 아주 많아요. 이 그림에는 일반적인 시장 여섯 곳이 나와 있어요.

 **상점**은 시장이에요.

 시장은 전 세계의 구매자와 판매자를 연결하는 **웹사이트**나 **앱** 같은 온라인 공간을 가리키기도 해요.

 게임 카드를 교환하는 **비공식시장**에서, 구매자는 돈 대신 비스킷과 카드로 결제했어요.

 학교 같은 **직장**도 시장이에요. 사람들이 일을 하고 월급을 받기 때문이죠.*

 증권 거래소는 사람들이 컴퓨터로 회사의 **주식**을 사고파는 곳이에요. 주식을 사고파는 시장을 **주식 시장**이라고 해요.

 물건을 불법으로 사고파는 곳은 **암시장**이라고 해요.

* 선생님들은 돈을 받지만, 학생은 공부를 해도 돈을 못 받아요. 이게 공평한 일일까요?

수요와 공급

시장을 살펴보면, 사람들이 사거나 팔고 싶어 하는 양인 **수요와 공급**이 특정한 형태를 보인다는 것을 알 수 있어요.
경제학자들은 이 형태를 **수요와 공급의 법칙**이라고 해요.

샌드위치 시장에서 그 형태를 찾아보세요. 샌드위치는 품질은 모두 같고 가격만 달라요.

가격이 싼 샌드위치는 사고 싶어 하는 사람이 많고, 비싼 샌드위치는 사고 싶어 하는 사람이 적어요.
가격이 낮을수록 더 많은 사람들이 구매할 만하다고 생각하기 때문이에요.

경제학자들은 이런 그래프로 가격과 수요의 관계를 설명해요.

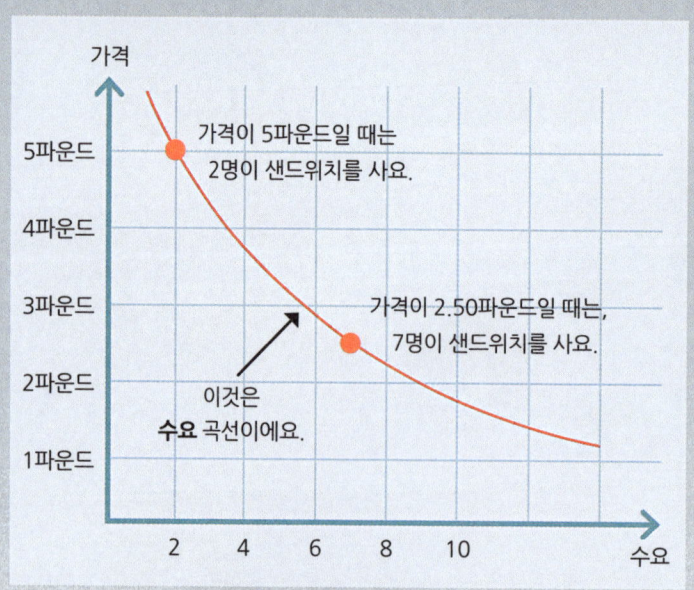

수요의 법칙

가격이 높을수록 수요는 줄어들어요.
가격이 낮을수록 수요는 늘어나요.

사람들이 **공급**하는 양도 가격이나 보상에 따라 달라져요. 창작 시 공모전의 예를 보세요.
사람들은 더 큰 상금이 걸린 해에 더 많은 시를 응모했어요.

상금이나 가격이 높아지면 더 많은 사람이 시를 내요.
이 그래프는 가격과 공급의 관계를 보여 줘요.

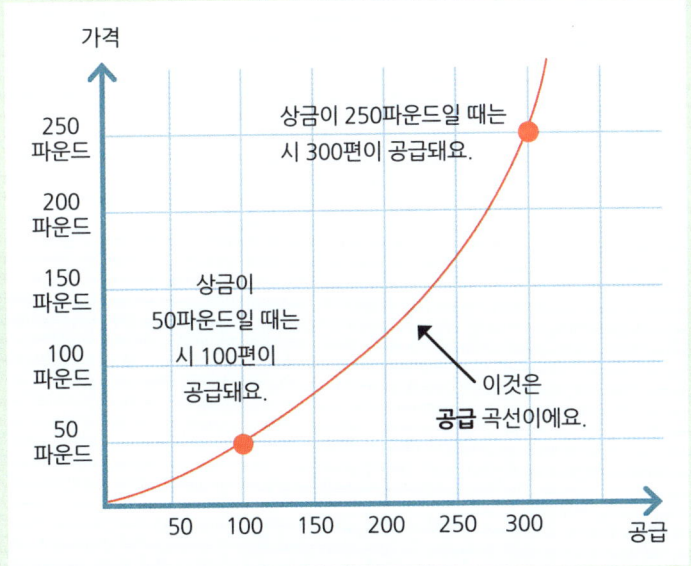

공급의 법칙

가격이 높을수록 공급은 늘어나요.
가격이 낮을수록 공급은 줄어들어요.

가격이 변화하는 방식

가격은 사람들이 무언가를 사거나 생산하고 싶어 하는 마음에 영향을 미쳐요.
하지만 반대 방향으로도 작동하지요.
사람들이 그것을 얼마나 사고 싶어 하는지에 따라 가격도 변화해요.

수요보다 공급이 많으면, 판매자에게 가격을 내리라는 신호가 돼요.

수요보다 공급이 적으면, 판매자에게 가격을 올리라는 신호가 돼요.

한동안 이렇게 가격이 오르내리다 보면, 마침내 수요와 공급이 균형을 이루는 지점에 도달해요.
이 가격을 **균형 가격**이라고 해요.

가격이 적당하면, 판매자도 만족하고 구매자도 만족해요. 남는 망고도 없지요.

이런 시장에서는 아무도 가격 변화에 책임이 없어요. 가격은 구매자는 돈을 벌고, 판매자는 물건을 잘 사려고 내리는 모든 결정이 모인 결과예요.

18세기의 영국 경제학자 애덤 스미스는 이런 과정을 시장의 **보이지 않는 손**이라고 불렀어요.

명령하는 사람이 없어도, 시장은 알아서 사람들이 원하는 것을 얻게 해 줍니다.

약 백 년 뒤, 영국 경제학자 앨프레드 마셜은 스미스의 보이지 않는 손 이론을 더 발전시켰어요.

수요와 공급은 가위의 두 날처럼 함께 작동해서 가격을 만듭니다.

마셜은 수요와 공급이 함께 작동하는 방식을 그래프로 보여 주었어요.

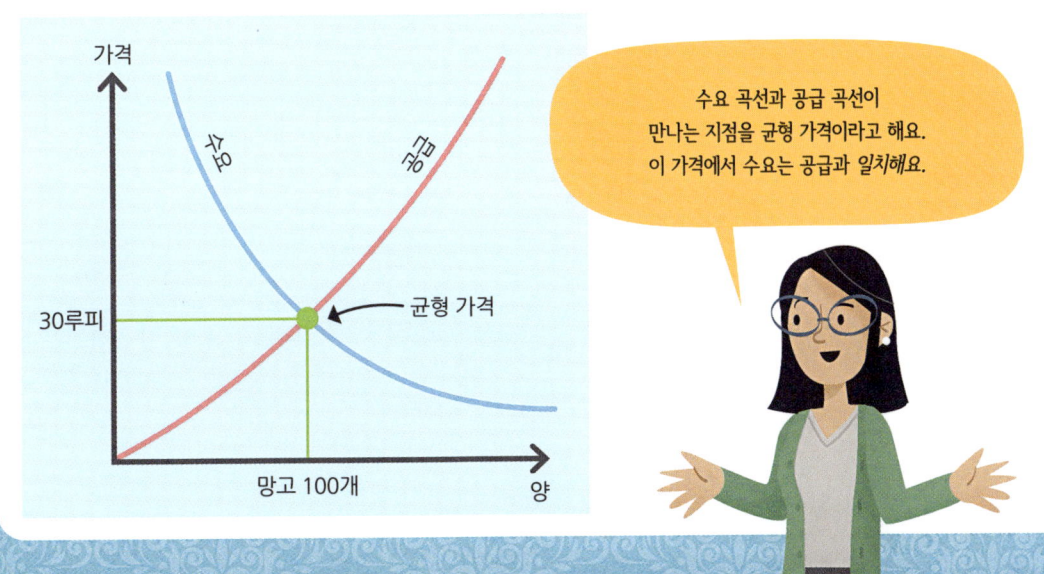

수요 곡선과 공급 곡선이 만나는 지점을 균형 가격이라고 해요. 이 가격에서 수요는 공급과 일치해요.

변화하는 시장

수요와 공급이 변화하는 이유는 가격 때문만은 아니에요. 자전거를 생각해 보세요.
자전거의 수요와 공급이 변하는 데는 아주 많은 이유가 있어요.

사회 분위기
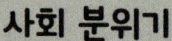
사람들이 건강을 중요하게 생각하면서 자전거에 대한 수요가 올라가요.

제작 비용
전기 요금이 오르면 자전거를 만드는 비용이 커지고, 공급이 내려갈 거예요.

다른 것들의 가격
버스 요금이 비싸지면, 자전거를 이용하려는 사람이 많아질 거예요. 그러면 수요가 올라가요.
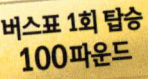

날씨

날씨가 추워지면, 자전거 수요는 내려가요.

공급자의 수
새 자전거 가게가 문을 열면, 자전거 공급이 늘어나요.

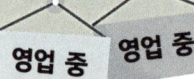

이런 모든 변화를 봐도 자전거의 전체 수요와 공급이 올라갔는지 내려갔는지 알기는 쉽지 않아요.
그래서 기업들은 수요와 공급의 관리를 어려워해요.

> 자전거 생산을 늘려야 할지 줄여야 할지 모르겠어요.

얼마나 많은 변화?

어떤 것은 다른 것들보다 변화에 더 크게 반응해요.
빵과 자전거의 가격이 두 배가 되면 수요가 어떻게 변할지 상상해 보세요.

빵의 수요는 내려가겠지만 많이 내려가지는 않을 거예요. 빵은 식생활에 중요한 부분이기 때문에, 사람들은 어쨌건 계속 빵을 사야 해요. 이런 수요는 **비탄력적**이라고 해요.

자전거의 수요는 크게 내려갈 거예요. 자전거는 매일 사는 물건이 아니기 때문에, 사람들은 구입을 미룰 거예요. 이런 수요는 **탄력적**이라고 해요.

기업들은 물건의 가격을 변경할 때 고객들이 가격 변화에 얼마나 민감한지 미리 알아봐요.

시장의 모형

모형이란 어떤 것의 작동 방식을 설명하는 일이에요. 수요와 공급의 법칙은 모형이에요.
수요와 공급의 법칙은 가격이 결정되는 복잡한 과정을 단순하게 설명해요.
실제 **현실**은 모형처럼 단순하지 않아요.
예를 들면, 구매자와 판매자가 서로의 신호에 반응하는 데는 시간이 걸려요.
그래도 모형은 여러 가지 다양한 상황을 설명해 주기 때문에 유용해요.

왜 특정 시간에 학교 앞에 교통 체증이 생기나요?

부모들이 아이들을 자동차로 등교시키거나 하교시킬 때는 도로 사용의 수요가 도로 공간의 공급보다 높기 때문입니다.

왜 도시의 작은 아파트가 시골의 큰 집보다 비싼 거죠?

도시에서는 주택 수요가 높지만 공급이 적으니까요. 그래서 공간의 가격은 시골보다 도시가 더 높습니다.

모형은 문제 해결에도 도움을 줘요.

청년에게 어떻게 일자리를 찾아줄 수 있나요?

정부가 청년 노동자에 대한 수요를 높이기 위해, 청년들을 고용하는 기업에 지원금을 줄 수 있습니다.

사람들이 비닐 봉투를 덜 사용하게 하려면 어떻게 할까요?

비닐 봉투 값을 받는 것도 한 가지 방법입니다. 많은 나라가 이 방식을 시도했는데, 그러자 비닐 봉투 수요가 크게 줄었습니다.

시장의 문제를 해결하기

어떤 시장에서건, 기업은 물건 값을 치를 수 있는 사람에게 물건을 팔아요.
이것은 당연한 일 같지만, 그게 항상 올바르고 안전한 것은 아니에요.
심지어 그렇게 할 수 없는 경우도 있어요. 이런 일을 **시장 실패**라고 해요.
시장 실패가 일어나면 정부가 끼어들지요.

시장 실패

어떤 것이 **부족**하게 되면, 가격이 계속 올라요.
그러면 그 값을 치를 수 없는 사람들은 아주 힘들어져요.
특히 물처럼 꼭 필요한 것이라면 더욱 그렇지요.

해결

가뭄이 들면, 정부가 모두에게 매일 무료로 일정한 양의 물을 나누어 주기도 해요.

**무료 물
하루에 일인당
2병 이하**

시장 실패

학교 교육과 소방은 **중요** 서비스예요.
만약 이 서비스에 돈을 내야 한다면,
그 값을 치를 수 없는 사람이 많을 거예요.

해결

정부들은 대체로 사람들이 돈을 낼 수 있건 없건 상관없이 모두에게 교육과 소방 같은 서비스를 제공해요.

시장 실패

어떤 자원을 공급하는 데 한 기업이 막강한 영향력을 가지거나 어느 기업만 공급할 능력이 있으면,
그 기업은 소비자들에게 큰 **힘**을 휘두를 수 있어요.

> 신발 한 켤레가 500파운드라고요? 말도 안 돼요!

> 하지만 다른 데서 신발을 살 수 없을 걸요. 신발을 파는 곳은 우리 가게뿐이니까요.

해결

정부는 법을 만들어서 거대한 기업으로부터 고객을 보호하고, 기업이 지나치게 큰 힘을 갖지 못하게 해요.
자세한 내용은 60쪽을 보세요.

시장 실패

가로등 같은 자원은 사람들 한 명 한 명에게 돈을 받는 일이 **불가능**해요.
그래서 가로등을 세우는 일로는 돈을 벌 수 없어요.

해결

가로등은 대개 정부가 공급해요.

실패

물건을 생산하고 소비하다 보면 때로 누구도 책임지지 않는 **부작용**이 생겨나요.
자동차 공장의 공해 문제처럼요.

해결

공해에 대해 세금을 매겨서 공장이 공해를 줄이게 만드는 것도 한 가지 해결책이에요.

연기를 정화하는 필터를 사는 돈이 세금으로 나가는 돈보다 적어.

이런 종류의 시장 실패에 대해서는 64~65쪽을 보세요.

시장 실패

판매자는 상품에 대해서 소비자보다 **더 많은 정보**가 있어요.
그래서 소비자를 쉽게 속일 수 있지요.

해결

정부가 규칙을 만들어서 기업들이 상품에 대해 정확한 정보를 알려 주게 만들어요.

시장 실패

사람들이 무언가를 강하게 원하면, 그것이 아무리 **위험한** 것이라도 팔려고 하는 기업이 생겨요.

해결

폭죽처럼 위험한 물건은 아무나 구입하지 못하게 정부가 제한을 걸 수 있어요.

제3장
선택하기

몇몇 경제학자는 사람들이 무언가를 선택하는 복잡한 이유를
쉽게 설명하기 위해서 단순한 **모형**을 사용해요.
이런 모형은 대체로 사람들이 최대한의 효용을 얻기 위해서
이기적으로 행동한다고 가정해요.
제2장의 시장 모형도 그런 모형의 예이지요.

하지만 1970년대부터 경제학자들은 사람들이
실제로 선택을 하는 방식을 이해하고 설명하려고 노력했어요.
이 경제학자들에 따르면, 사람들은 비합리적이고,
제대로 된 정보가 없고, 미신과 편견에 사로잡혀 있어요.
이 분야를 **행동 경제학**이라고 해요.

모형 행동

많은 경제학 이론이 사람들은 신중하게 선택을 하고,
늘 최상의 효용을 얻으려고 한다는 생각을 기본으로 해요.
이것을 설명하기 위해 경제학자들은 **호모 에코노미쿠스**라는 모형을 사용해요.
이 말은 라틴어로 '경제적인 사람'이라는 뜻이에요.

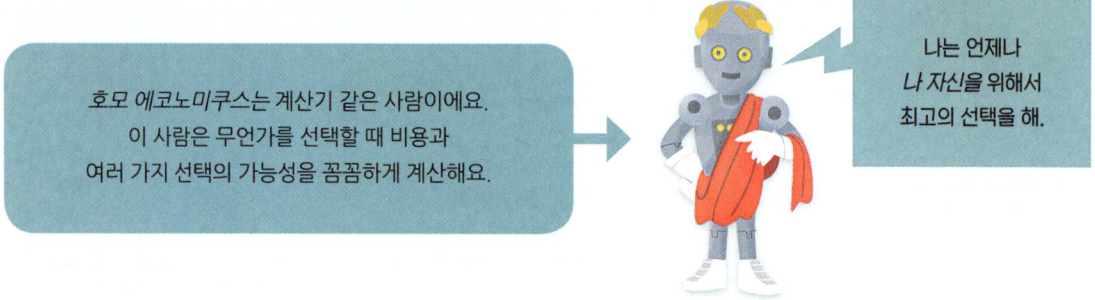

호모 에코노미쿠스가 길에서 지갑을 주웠다면 어떻게 할까요?

경제학자들은 대부분의 사람이 항상 그렇게 꼼꼼하게 따져 보고 결정을 내리지는 않는다는 것을 알아요.
하지만 많은 사람이 평균적으로 결정을 내리는 방식은 정확히 예측할 수 있다고 생각해요.
일부 경제학자는 심지어 우리의 결정은 사소한 것까지 모두 개인적으로 얼마나 이득을 볼지에 대한
이기적인 계산에서 나온다고 주장해요.

고도의 이기심?

행동 경제학자들은 모든 선택을 호모 에코노미쿠스 모형으로 설명하는 것은 현실과 맞지 않다고 생각해요. 그리고 시험을 통해서, 사람들이 항상 자기 이익만 추구하지는 않는다는 것을 보여 줬어요. 유명한 시험으로 '최후통첩 게임'이라는 것이 있어요.

프랭크가 진정한 호모 에코노미쿠스라면 자신이 최대한의 금액인 99파운드를 갖고, 상대에게는 1파운드만 주겠다고 할 거예요. 그리고 돈만 생각하면 낸시는 이 제안을 받아들여야 해요. 1파운드는 0파운드보다 낫기 때문이죠.
하지만 최후 통첩 게임을 아무리 많이 해도 제안자는 보통 상대에게 1파운드보다 훨씬 많은 돈을 제안해요. 그리고 많은 응답자가 40파운드 정도의 금액도 거부해요. 많은 사람들은 단순한 돈보다 공정함을 더 중요하게 생각해요.

경제학자들은 침팬지들에게도 최후통첩 게임을 해 보았어요. 침팬지 역시 사람과 비슷하게 공정함을 중요하게 여겼어요.

유인

보상이건 처벌이건 상관없이, 사람들이 특정한 선택을 하게 만드는 것을 **유인**이라고 해요.

유인은 다른 사람이나 사회, 정부에서 제시해요.

돈은 아주 흔한 유인이에요. 사람들은 돈을 벌려고 일을 해요.

감옥에 보내는 처벌은 범죄를 저지르지 말라는 강력한 유인이에요.

좋은 시험 성적은 열심히 공부하게 만드는 유인이에요.

어떤 유인은 사람에 따라 효과가 달라져요. 나는 어떤 것에 마음이 움직이는지 생각해 보세요.

돈은 물론 좋지만, 나는 그보다 내 일을 해내는 데 자부심을 느껴.

나는 친구들이 가장 중요해. 나는 친구들을 배신하는 것보다 감옥을 선택했어.

나는 그냥 책 읽는 게 좋아.

우리는 이런 다양한 유인의 균형을 맞출 방법을 찾아야 해요.
어떤 사람은 지루해도 돈을 많이 버는 일을 좋아하지만,
어떤 사람은 안정성은 떨어져도 흥미롭고 보람 있는 일을 좋아하지요.

선택에 영향을 미치는 것들

정부와 기업들은 사람들의 선택에 영향을 미치기 위해 여러 가지 유인을 사용해요.

커피숍의 고객 카드는 단골손님에게 혜택을 줘요.

스타가 광고를 하면, 그 스타를 좋아하는 사람들은 그 제품을 사고 싶어져요.

정부는 공해 기업에 높은 세금을 매길 수 있어요. 높은 세금은 기업이 환경 친화적 기술을 사용할 유인이 되지요.

정부가 새로운 기술 개발을 장려하고 싶다면, 발명가들에게 상을 줄 수 있어요.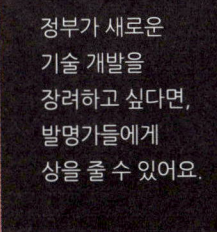

정부가 사람들에게서 어떤 행동을 이끌어 내기 위해 유인을 사용할 때는 주의해야 해요. 제대로 설계하지 않으면, 유인은 엉뚱한 결과를 낼 수 있거든요.

헌혈은 현대 의학에서 아주 중요한 부분이지만, 필요한 만큼 헌혈을 받기가 어려울 때가 많아요.

그래서 헌혈하는 사람에게 돈을 주면 더 많은 사람이 헌혈을 할 거라고 생각할 수도 있어요.

하지만 여러 연구에 따르면, 헌혈자에게 돈을 주면 반대로 헌혈하는 사람의 수가 줄어들어요.

사람들이 헌혈을 하는 가장 큰 유인은 다른 사람을 돕는다는 자부심이에요. 돈이 헌혈의 주요한 유인이 되면 자부심을 느끼기 어려워요.

사람은 어떻게 선택을 하나요?

아이스크림이 먹고 싶다고 상상해 보세요. 우리는 수많은 결정의 과정을 지나가요.

콘?
바?
컵?

어디까지 가지?
10분 거리의 괜찮은 아이스크림?
30분 거리의 맛있는 아이스크림?
1시간 거리의 진짜 맛있는 아이스크림?

어떤 맛이 좋을까? 초콜릿, 딸기, 바닐라, 체리, 루바브, 바나나, 민트, 캐러멜, 블루베리……

양은 얼마나?
2스쿱? 4스쿱? 9스쿱?

어휴! 너무 많아!

아이스크림을 먹기에는 날씨가 너무 추운 거 아닌가?

정말 요거트 아이스크림이 좋을까?

토핑은 초콜릿 시럽? 꿀건포도?

가격은 어떻게?
비싼 거?
싼 거?

저녁 먹을 때가 다 됐는데 먹어도 괜찮을까?

우리가 모든 선택을 할 때 이런 수많은 결정 과정을 매번 거친다고 상상해 보세요. 아마 아무 일도 할 수 없을 거예요. 그래서 사람들은 대부분의 경우에 선택을 할 때 그렇게 깊은 생각을 하지 않아요. 대신 **어림짐작**으로 큰 고민 없이 빠르게 선택을 하지요.

바닐라 콘을 주세요. 나는 늘 바닐라 콘을 먹고 그게 좋으니까.

선택을 빨리 하면 효율적이지만 그에 대한 대가가 있어요.
행동 경제학자들은 빠른 선택에 끼어드는 여러 가지 성향을 알아냈어요.
성향은 사람들의 선택에 영향을 미치지만, 나쁜 것만은 아니에요.

가용성 성향

사람들은 가장 쉬운 것, 가장 먼저 생각나는 것을 선택하는 경향이 있어요.

유사성 성향

사람들은 전에 보거나 경험한 것과 같은 것을 선택하는 경향이 있어요.

군중 행위

사람들은 다른 사람들과 똑같은 선택을 할 때 마음이 더 편해져요.

성향의 작용

군중 행위에 따라 모든 사람이 동시에 같은 물건을 사려고 하면 **가격 거품**이 생길 수 있어요.
또 모든 사람이 동시에 같은 물건을 팔려고 하면 **가격 붕괴**가 일어날 수도 있지요.
가격 붕괴 후 어떤 일이 일어날지는 84쪽을 보세요.

사람들의 판단

어떤 성향은 사람들이 꼼꼼히 따져 보고 선택을 한다고 생각할 때도 작용해요.

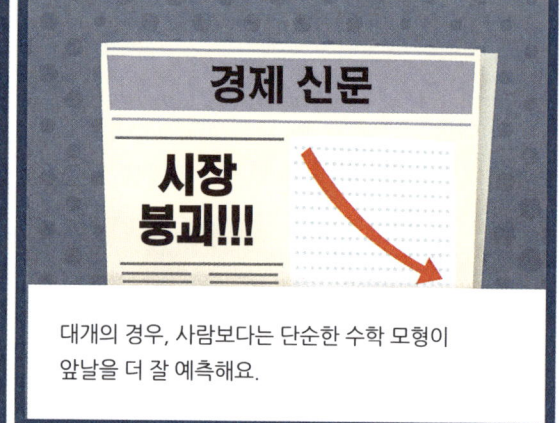

사람들의 선택은 관련 정보가 *어떻게* 제시되느냐에 따라서도 크게 달라져요.
이것을 **프레이밍 편향**이라고 해요.
판매자들은 고객이 돈을 더 많이 쓰게 하려고 항상 이 편향을 이용해요.

두 가지 팝콘을 팔면,
고객의 2/3는 가격이 싼 팝콘을 사고,
1/3은 비싼 팝콘을 사요.

하지만 더 비싼 세 번째 '미끼'를
옆에 놓으면, 90퍼센트의 사람이
이전까지 비싼 상품이었던
중간 가격의 팝콘을 사요.

기업들은 아주 비싼 제품과 비교시키는 방법으로,
사람들이 실제로는 별로 싸지 않은 제품도 싸다고 생각하게 만들어요.

가벼운 개입

우리가 편향을 극복하게 만드는 방법도 있어요.
사람들의 선택을 잘 유도해서 더 좋은 선택을 하게 만들 수 있지요.
이것을 **선택 설계** 또는 **가벼운 개입**이라고 해요.

어떻게 하면 학생들이 건강한 음식을
먹게 할지 실험을 해 보니,
굳이 정크 푸드를 금지할 필요가 없었어요.
건강에 좋은 신선 식품을
학생들 눈높이에 놓기만 해도,
학생들이 평소와 달리 튀김 같은 음식보다
샐러드를 더 많이 골랐어요.

위험성

우리가 어떤 것을 선택할 때, 그 선택이 기대와는 다른 결과를 낳을 수 있어요.
이것을 **위험성**이라고 해요.
아래의 사람은 새로운 헤어스타일의 위험성을 생각해 보고 있어요.

선택을 할 때 사람들은 위험성과 이득을 비교해요.

헤어스타일	뾰족 커트	금발 염색	동그란 단발
후회할 위험성	크다	중간	적다
이득	꿈꾸던 스타일	과감한 변화	안전

이 사람에게 뾰족 커트는 위험성이 크지만,
이득도 무시할 수 없을 만큼 컸어요.

사람마다 감당하는 위험성의 크기가 달라요.
어떤 사람이나 회사는 위험성을 꺼리지 않지만,
다른 사람이나 회사는 위험성을 피하지요.
하지만 정말로 큰 이득이 예상되면
때로 가장 신중한 사람들도 모험에 나서요.

나는 위험성을 얼마나 감당할 수 있을까요?

사람들은 항상 위험성과 이득을 저울질하지만, 그 방식은 이랬다저랬다 변해요. 예를 들어서 도박에 대한 태도는 자신이 돈을 따느냐 잃느냐에 따라서 달라져요.

이 실험을 해 보아요.

두 상자 중 하나를 골라 보세요.

상자 A
900파운드를 딸 확률 100퍼센트

상자 B
1000파운드를 딸 확률 90퍼센트
(한 푼도 못 딸 확률 10퍼센트)

이번에는 여기서 골라 보시죠.

상자 C
900파운드를 잃을 확률 100퍼센트

상자 D
1000파운드를 잃을 확률 90퍼센트
(한 푼도 잃지 않을 확률 10퍼센트)

결과

첫 게임에서는 대부분의 사람이 위험성이 덜한 상자 A를 골라요.
하지만 두 번째 게임에서는 대부분이 더 위험성이 높은 것을 고르지요.
손해를 줄이고 싶은 마음에 사람들은 상자 D를 고르는 도박을 해요.

사람들은 돈을 따는 것을 *좋아하는* 것보다
잃는 것을 *싫어하는* 마음이 훨씬 더 커 보여요.
그래서 정부는 좋은 행동에 상을 주는 것보다
나쁜 행동에 벌을 주는 것이 더 효과적일 수 있어요.

사람들은 돈을 잃는 걸 아주아주 싫어해요.

집단 결정 내리기

한 집단의 사람이 자신에게 이로운 선택을 하는 일은 모두가 한 가지 자원을 공유할 때 문제를 일으키기도 해요. 양을 키우는 이 시골 마을의 예를 보세요.

이와 같은 나쁜 결과는 실제로 일어나는 일이에요. 집단, 도시, 심지어 여러 나라가 한 가지 자원을 공유하면, 사람들은 흔히 그것을 과도하게 남용해요. 경제학자들은 이런 일을 **공유지의 비극**이라고 불러요. 여기 몇 가지 예가 있어요.

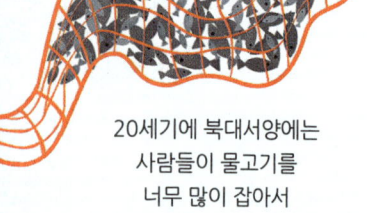

20세기에 북대서양에는 사람들이 물고기를 너무 많이 잡아서 대구가 거의 사라졌어요.

도로에 출근하려는 자동차가 가득 차서 아무도 움직이지 못해요.

각 나라가 이산화탄소를 너무 많이 배출해서 지구의 대기를 위험할 정도로 변화시키고 있어요.

미국의 경제학자 엘리너 오스트롬은 이런 상황을 막을 방법을 연구해,
2009년에 여성 최초로 노벨 경제학상을 받았어요.
오스트롬의 해결책은 사람들이 서로 대화를 많이 하는 것이었어요.

정부에서 자원의 남용을 막기 위해 법을 만들어도, 사람들에게 통하지 않을 때가 많아요. 이런 법은 집행하기 어렵고 많은 사람이 그냥 무시하지요.

오스트롬은 세계를 다니면서 사람들이 자원을 공유하는 여러 공동체를 연구했어요.

그리고 이웃들 모두가 자원과 가까이 살면서 이웃끼리 대화를 하는 곳에서는 자원 남용이 없다는 것을 발견했어요.

사람들이 이웃과 대화를 많이 할수록, 공동체는 더 잘 운영되었어요.

공동체가 강력하면 구성원들은 더 좋은 선택을 해요.
사람들이 서로를 알고, 신뢰하고, 다른 사람들의 기대를 알면,
이기적으로 행동할 가능성이 줄어들지요.

제4장
생산, 수익, 경쟁

대부분의 사람은 다른 사람이나 **기업**에게서 필요한 것을 사요.
기업들은 많은 고객을 끌어들이기 위해 서로 **경쟁**해요.
사업을 잘하는 기업은 쓰는 돈보다 더 많은 돈을 벌어요.
이것을 **수익**이라고 해요.

기업의 사장들은 경쟁을 잘해서 수익을 많이 올리고 싶다면,
수많은 선택을 해야 해요.

기업은 무슨 일을 하나요?

기업은 형태도 크기도 제각각이지만 공통점이 하나 있어요.
사람들에게 필요한 재화와 서비스를 생산해서 돈을 받고 판다는 거예요.

모든 기업은 돈을 쓰고…

기업이 제품을 생산하고 판매하기 위해 쓰는 돈을 **비용**이라고 해요.

어떤 비용은 제품을 생산하는 양에 따라 **변동**해요. 이 비용은 제품을 많이 생산할수록 커져요.

털실, 솜, 천, 유리를 사야 곰 인형을 만들 수 있어요.

메가베어 사

일단 지불한 비용은 **매몰 비용**이라고 해요.

- 재료 / 유리 눈알
- 봉급
- 창고 공간

어떤 비용은 제품을 생산하는 양과 상관없이 똑같기 때문에 **고정 비용**이라고 해요.

- 임대료
- 빚
- 관리자
- 광고

… 또 돈을 벌려고 해요.

기업이 제품을 팔아서 버는 돈을 **소득**이라고 해요.

의자 한 개에 500파운드씩 100개를 팔았으니까, 우리 소득은 5만 파운드예요.

모든 기업은 수익을 내려고 해요.

수익은 기업의 소득에서 모든 비용을 빼고 남은 돈이에요.
많은 위험을 감수하고, 큰 노력을 기울여서 기업을 운영하는 유인은 수익이에요.

수익 = 소득 − 비용

모든 기업은 경쟁을 해요.

대부분의 시장에서 기업들은 고객을 끌어오기 위해서 치열하게 **경쟁**해요.
기업들은 고객들이 자신의 제품을 선택하게 만들고 싶어 하죠.

큰 기업, 작은 기업

큰 기업과 작은 기업은 각각의 장점과 단점이 있어요.

작은 기업

복잡하지 않아서 운영하기 쉬워요.

이번 주의 새 아이디어는 뭐죠?

변화하는 시장에 빠르게 적응해요.

재활용 재료를 사용해 봐요!

경쟁을 피할 특별한 제품을 만들 수 있어요.

제니스 의자

재활용 골판지로 만든 의자를 시장에 선보일 거예요.

작은 기업의 단점 하나는 필요한 일을 다른 기업에 돈을 주고 시켜야 할 때가 많다는 거예요.

우리는 다른 회사에 의자 배달을 맡기고 돈을 주어야 해요.

우리는 메가베어 사의 차예요!

큰 기업

디자인에서 광고, 유통까지 제품 생산에 필요한 모든 일을 직접 관리할 수 있고, 그에 따라 비용을 크게 절약할 수 있어요.

큰 기업이 많은 수익을 올리는 이유 중 하나는 물건을 많이 만들수록 가격이 싸지기 때문이에요. 그 원리는 다음과 같아요.

노동자와 공정이 특화될수록 효율이 더 높아져요.

원료는 대량으로 사면 더 싸요.

세금이나 임대료 같은 고정 비용은 제품을 많이 팔수록 한 개당 비용이 작아져요.

이런 일을 **규모의 경제**라고 해요.

큰 기업이 항상 좋을까요?

일정 지점을 지나면, 기업의 확장은 효과가 없어요. 비용은 다시 오르고 소득이 떨어지지요. 이것을 **규모의 비경제**라고 해요. 큰 회사들은 공통된 문제가 몇 가지 있어요.

운영하기가 어렵고 변화가 느려요.

다른 부서에서 무슨 일을 하는지 서로 몰라요.

메가베어 사

큰 회사의 노동자들은 일의 보람을 느끼기가 어려워서 게을러질 수 있어요.

멈추어야 할 때

기업이 제품을 최대한 많이 생산하면 수익을 최대한 많이 올릴 수 있을까요?
이번에도 역시 그렇게 간단하지 않아요.

많은 기업이 규모를 그만 키워야 할 때를 몰라서 실패해요. 잘 돌아가는 기업은 생산량을 결정하기 위해서 딱 *한 개*를 더 생산할 때 비용과 잠재적 수익이 어떤지 살펴봐요. 수량을 아주 약간만 변화시키면서 결과를 연구하는 것을 **한계 분석**이라고 해요.

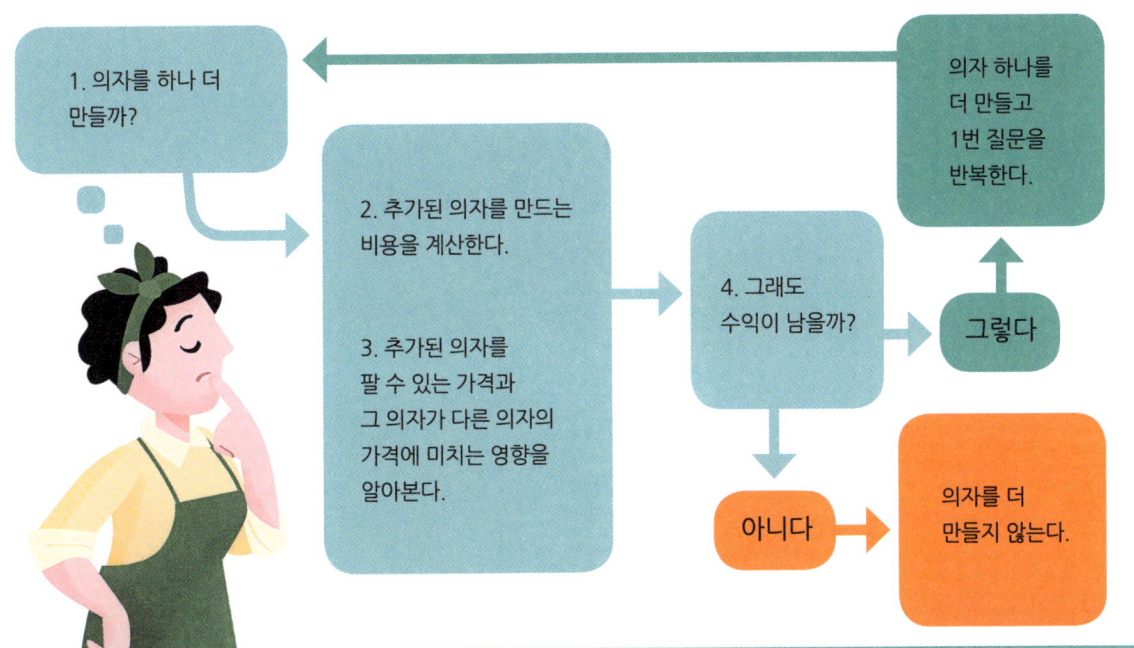

사람들은 매일 자기도 모르는 사이에 한계 분석을 사용해서 선택을 해요.

생산자만 한계 결정을 하는 건 아니에요. 소비자들도 한계 결정을 해요.
햄버거를 하나 더 먹는 게 좋을까 참을까 고민하는 것이 그 예지요.

우리가 무언가를 많이 소비할수록 그 물건의 효용은 줄어들어요. 그래서 결국은 가격이 내려도 더 가질 만한 가치가 없어져요.

경쟁

경쟁으로 제품이 더 싸고 다양해지면 소비자들에게 이득이에요.
경쟁은 경제를 더 효율적으로 만들기도 해요.
경쟁하는 시장이 어떻게 돌아가는지 살펴보아요.

어느 기업이 잘 되면,
다른 기업이 같은 제품이나
서비스를 생산하고 싶은
유혹을 느껴요.

경쟁에 뛰어든 기업은 종종 고객을
끌어들이기 위해 가격을 내려요.
그러면 원래 기업도 가격을 내려야 해요.
가격이 비싸면 제품이 팔리지 않기 때문이죠.
이런 일을 **가격 경쟁**이라고 해요.

고객을 끌어들이는 또 한 가지 방법은
더 좋은 서비스를 제공하는 거예요.
자원을 잘 활용하고 낭비를 줄이면
기업은 경쟁자들을 앞설 수 있어요.

실패의 대가는 가혹해요.
경쟁력이 없는 기업은
오래 가지 못해요.

그러면 경쟁에서 탈락하지 않으려면 어떻게 해야 할까요?
기업들은 가격 경쟁을 피하기 위해 새로운 아이디어를 시험하고 더 좋은 제품을 개발해요.

기술

새로운 기술이나 제품을 개발하면 기업은 경쟁에서 벗어날 수 있어요. 백여 년 전에 자동차가 발명되자 마차는 쇠퇴했어요.

안녕, 구닥다리 친구!

품질

기업이 제품의 품질을 높이면 경쟁자들보다 앞서가게 돼요. 품질이 좋다는 평판을 얻으면, 그 기업은 가격을 더 높이 매길 수 있어요.

생산성

생산성이 높은 기업은 경쟁자들보다 물건을 더 빠르고 싸게 만들 수 있어요. 헨리 포드는 1913년에 **조립 라인**을 만들어서 생산성을 높였어요.

조립 라인은 노동자들이 모두 특별한 한 가지 일에 특화되게 만들지.

광고

사람들은 이름을 아는 물건을 더 잘 사요. 그래서 광고를 하려면 돈이 드는데도, 광고로 고객에게 이름을 알리는 기업들이 성과가 좋을 가능성이 높아요.

세계 최고, 세계 유일, 모델 T

미국에서 가장 신뢰받는 자동차

경쟁은 기업들이 새롭고 흥미로운 아이디어를 개발하고 운영 방식을 개선하게 만들지만, 때로는 문을 닫게도 만들어요. 이런 과정을 **창조적 파괴**라고 해요. 많은 정부가 이런 일로 일자리를 잃은 사람들을 도와요.

독점

세상의 모든 초콜릿을 내가 몽땅 다 가지고 있다고 상상해 보세요.
그러면 나는 그걸 얼마나 팔지 결정하고, 가격도 정할 수 있어요.
이렇게 한 기업이 하나의 시장을 완전히 장악하고 있는 것을 **독점**이라고 해요.

독점 상태에서는 경쟁이 없기 때문에 상품 종류는 적어지고, 가격은 크게 올라요.
이것도 시장 실패 중 하나예요.

하지만 독점이 전부 나쁜 것은 아니에요. 어떤 독점은 합리적이에요.

여덟 개의 수도 회사가 사람들 집에 수도관을 깔려고 한다고 생각해 보세요.

경쟁이 비효율적이거나 불가능할 때도 있어요. 이런 일을 **자연 독점**이라고 해요. 그러면 정부가 나서서 소비자들이 독점의 피해를 입지 않게 해 주어야 해요.

기업이 사업을 아주 잘해서 시장을 독점하는 경우도 있어요. 그런 기업은 보호 장벽을 만들어서 경쟁자들의 도전을 피할 수 있어요.

이런 장벽이 공정하다면 독점도 큰 문제가 되지 않아요. 기업을 잘 운영하거나 남들이 흉내 낼 수 없는 좋은 아이디어를 개발하면, 계속 성공을 누릴 자격이 있지 않을까요?

독점

규모의 경제

좋은 아이디어

효율성 증가

경쟁

독점 규제

어떤 기업들은 경쟁 기업에게 **불공정한** 장벽을 만들려고 해요. 그러면 정부가 나서서 시장을 **규제**하고 다른 기업들이 경쟁할 기회를 만들어 주어야 해요. **독점 규제법** 같은 법은 불공정한 장벽을 금지해요.

1982년에 미국 전화 기업 AT&T 사는 미국의 전화선을 전부 소유했는데, 정부가 불공정한 독점 기업이라는 판정을 내렸어요. 그래서 AT&T 사는 7개의 작은 회사로 쪼개져서 서로와 경쟁해야 했어요.

US 웨스트, 아메리테크, 나이넥스, 퍼시픽 텔레시스, 벨 사우스, 벨 아틀랜틱, 사우스웨스턴 벨

과점

시장이 한 개가 아니라 몇 개 대기업의 손에 들어가는 일은 자주 일어나요.
이런 일을 **과점**이라고 해요. 다음 예를 보세요.

어느 나라에 체크메이츠와 나이츠 무브라는
2대 체스 회사가 있어요.
다른 경쟁자는 별로 없어서 두 회사는
주로 둘 사이의 경쟁만 고민해요.

한 회사가 다른 회사보다 가격을 낮추려고 할 수 있어요.

하지만 그러면 다른 회사가 반격할 것을 잘 알아요.

이 회사들은 어떻게 하는 게 가장 좋을까요?

경쟁자들이 서로를 상대할 때 행동하는 방식을 모형으로 보여 주는 경제학 분야를 **게임 이론**이라고 해요. 자세한 내용은 107쪽을 보세요.
게임 이론은 양쪽이 이런저런 결정을 할 때 빚어지는 결과를 이런 표로 만들어요.

이 모형을 보면, 두 회사 중 한 곳만 가격을 내리면
내린 회사의 수익이 증가해요.
그래서 결국 두 회사 모두 가격을 내리고,
둘 다 수익이 *감소*할 위험이 있어요.
하지만 양쪽이 가격을 내리지 말자고 합의를 한다면?

대기업들은 때로 높은 수익을 계속 올리기
위해서 서로 경쟁하지 않기로 합의해요.
이런 일을 **담합**이라고 해요.
많은 나라에서 담합은 불법이에요.

기업은 세상에 어떻게 영향을 미치나요?

시장에서는 기업과 소비자가 공정한 가격에 합의할 수 있어야 하지만,
때로는 예상하지 못한 일이 끼어들기도 해요.
이런 종류의 시장 실패를 **외부 효과**라고 해요. 두 가지 예를 살펴보아요.

벌 이야기

양봉업자는 꿀을 만들어 팔아요. 양봉업자가 키우는 벌은 꿀을 만들면서 동시에 주변 농장들의 나무와 작물을 수정시켜요. 이것은 **긍정적 외부 효과**예요.

주변 농민들은 수확이 많아져서 수익이 증가해요. 하지만 양봉업자는 꿀을 좋은 가격에 팔지 못해요. 그래서 양봉업이 쇠퇴하면 다른 사람들도 영향을 받아요.

하지만 시장의 가격은 꿀에만 매겨진다는 것이 문제예요. 벌들이 주변 농장에 도움을 준다는 사실은 반영하지 않지요.

꿀을 만드는 비용은 누가 내야 할까요?

바나나 이야기

바나나 농장은 화학 비료를 대량으로 사용해요. 그렇게 적은 비용으로 많은 양의 바나나를 생산하지요.

하지만 비가 내리면 비료가 강물로 흘러들어요. 그러면 강물 속 잡초들이 빠르게 자라서 물 속의 산소를 다 소비해 버려요.

산소가 없으면 물고기가 죽고, 어민들이 어려움에 빠져요. 이런 오염은 **부정적 외부 효과**예요.

어민들이 입은 손해는 누가 보상해 주나요?

오염 문제도 해결해야 하지 않나요?

유인을 바꾸기

외부 효과로 시장 실패가 일어나면, 흔히 정부가 문제 해결에 나서요.
그럴 때는 돈을 쓰는 것도 한 가지 방법이지만,
기업과 사람들의 행동 방식을 바꾸는 것이 진정한 목표가 되지요.

긍정적 유인

양봉업자의 경우, 어떤 정부는 양봉업자들에게 **보조금**이라는 돈을 규칙적으로 줘요.
다른 기업들에게는 불공정하게 보일지 모르지만, 양봉업자가 있어야 농업이 잘 되기 때문이에요.

> 꿀만 팔아서는 여전히 돈벌이가 별로야.

> 하지만 보조금 덕분에 양봉업을 계속 할 수 있어.

> 이제 비료를 너무 많이 쓰면 안 될 것 같아.

부정적 유인

많은 정부가 환경을 해치는 기업에 벌금을 매겨요.
벌금이 커서 생산자에게 손해가 되면, 생산자는 환경을 오염시키지 않고 사업을 계속할 방법을 찾아야 해요.

정부는 여러 가지 유인을 사용해서 소비자들의 행동도 바꾸려 해요.
또 여러 외부 효과를 동시에 고치려고 할 때도 많아요.

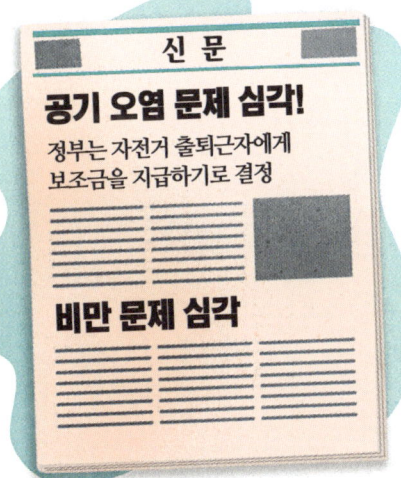

신문

공기 오염 문제 심각!
정부는 자전거 출퇴근자에게 보조금을 지급하기로 결정

비만 문제 심각

긍정적 유인

자동차 대신 자전거로 출퇴근하는 사람에게 보조금을 지급하면,
정부는 공기 오염을 줄이고 국민 건강도 높일 수 있어요.

부정적 유인

자동차를 가지고 시내로 들어올 때 돈을 내게 하면,
정부는 공기 오염을 줄이고 사람들이 되도록 걷거나
자전거를 타게 할 수 있어요.

제5장
경제 제도

경제 제도는 자원을 나누고 교환하는 규칙들의 모음이에요.

어떤 공동체는 전통과 가족 관계에 따라,
수확물을 나누는 방법이나 물건을 생산하는 방법이 결정돼요.
하지만 대부분의 사회에서는 시장과 정부가 이런 역할을 맡아요.

정부는 사람과 기업에게서 **세금**이라는 돈을 걷어요.
그 후 세금을 어떻게 써서 사회 곳곳에 분배할지를 결정해요.
세금을 얼마를 걷고, 어떻게 쓸지 결정하는 것이
경제 제도의 핵심을 이루어요.

어떻게 나눌까요?

우리는 살아가는 동안 자원을 가지고 무엇을 할까, 그것을 어떻게 나눌까 결정하는 여러 가지 방식을 경험해요. 그런 사례들이 **경제 제도**의 예가 될 수 있어요.

목표를 공유하기

우리가 집이나 학교에서 하는 것처럼, 각 나라들은 자원을 나누는 방법에 대해 고민해요.
아래의 다양한 가치는 정부들이 자원을 나눌 때 목표로 할 만한 것들이에요.

자원을 분배하고 경제를 운영하는 데 어떤 방법이 최선인지에 대해서는 늘 토론이 벌어져요.
사람들이 지금껏 시도한 몇 가지 제도를 함께 살펴보아요.

시장이 책임지는 경제

정부가 경제를 운영하는 방법 중 하나는 아무런 간섭도 *하지 않는* 거예요.
이것을 **시장 경제**라고 해요. 19세기 영국의 경제 제도가 시장 경제였어요.

그때 영국은 **산업 혁명**이라는 큰 변화를 겪고 있었어요.

많은 공장이 세워지고, 공장에는 많은 물건을 빠르고 값싸게 생산할 수 있는 기계가 있었어요.

기차에서 우표까지 여러 가지 새로운 발명이 이루어져서, 사람들의 이동과 통신이 빠르고 쉬워졌어요.

땅, 공장, 기계를 가진 **자본가들**은 많은 돈을 벌었어요.

산업 혁명은 일부 사람들을 부자로 만들어 주었지만, 20세기 초가 되자 국민의 1/4이 가난 속에 살게 되었어요. 이때의 정부 정책을 **자유방임주의**라고 불러요. '자본가들이 마음대로 사업을 하게 내버려 둔다'는 뜻이에요. 이 제도는 나중에 **자본주의**라고 불리게 되었어요.

우리가 이 문제들을 어떻게 해야 할까요?

아무것도 할 필요 없어요! 우리가 도와주면, 가난한 사람들은 자립 능력을 못 키워요!

정부가 아무 일도 하지 않자 문제는 해결되지 않고, 더욱 악화되었어요.
제도를 고칠 필요가 있다는 게 분명해졌지요.

정부가 책임지는 경제

자본주의를 고치기 위해, 많은 곳에서 정부에 더 많은 힘을 주는 방법을 실험했어요.
가장 과감한 변화를 실행한 곳 중 하나는 1960년대의 쿠바예요.

혁명가들이 쿠바 정부를 무너뜨리고, **공산주의**라고 하는 제도를 세웠어요.
혁명가들의 목표는 나라의 자원을 모든 쿠바인에게 평등하게 분배하는 것이었어요.

그것은 독일의 경제학자 칼 마르크스의 사상을 따르는 제도였어요.

모두에게 교육을!

누구도 다시는 실직하거나 굶주리기 않을 것입니다.

각자의 능력에 따라 일하고, 각자의 필요에 따라 분배한다.

새 정부는 식량 생산 관리 등 많은 경제 계획을 세웠어요.
이것을 **계획 경제**라고 해요.

모두가 충분히 먹으려면 농민들은 이만큼 생산해야 합니다.

쿠바 식량 생산(톤)

쌀 1,000톤
콩 1,500톤
감자 2,000톤

정부는 또 모든 땅과 공장과 기업의 주인이 되었고, 그 일은 계획의 실행에 도움이 되었어요.

알겠습니다!

자원은 대체로 공평하게 분배되었지만, 큰 문제들이 있었어요.

사람들이 모두를 위해 일하게 만들기가 어려웠어요.

왜 식량 생산량이 점점 줄어드는 겁니까?

정부에서 다 가져가는데 내가 뭐하러 열심히 일을 해?

수백만 명에게 필요한 모든 물건의 계획을 세우는 것은 훨씬 더 어려웠어요.

품절

실제로 정부나 시장에 모든 책임을 맡기는 일은 잘 되지 않았어요.
그래서 그 후로 대부분의 나라는 좀 더 균형 잡힌 제도를 찾으려고 노력하고 있어요.

혼합 경제

오늘날 대부분의 나라는 **혼합 경제**를 실행해요. 일부는 정부가 책임지고, 일부는 시장이 책임지는 방식이에요. 혼합 경제 방식을 **간단하게** 설명하면 다음과 같아요.

정부

정부는 사람들이 물건, 아이디어, 설계를 가질 *권리*를 지켜 주는 법을 만들어요. 기업이 할 수 있는 일과 하면 안 되는 일에 대한 규칙도 만들지요.

시장

사람들은 물건들을 소유할 권리가 있어요.

- 땅
- 재료
- 아이디어
- 사업체
- 기계

그리고 수요와 공급의 법칙에 따라 소유한 것을 시장에서 교환할 권리도 있어요.

정부는 경제를 관리하고, 물가, 실업, 빈곤 같은 일들과 관련된 목표를 설정해요.

2025년까지 아동 빈곤 퇴치

정부는 세금으로 도로 건설처럼 **기반 시설 계획**과 쓰레기 수거, 도서관, 교육 같은 **공공 서비스** 등 사회 전체에 혜택이 돌아가는 특정한 것들을 생산해요.

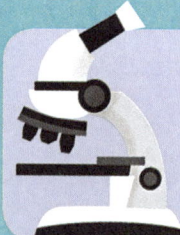

정부는 과학 연구에 투자해서 미래 기업과 산업을 개발하게 해요.

어떤 종류의 정부?

혼합 경제는 각 나라의 정부가 '큰 정부'인지 '작은 정부'인지에 따라서 다양한 형태를 띠어요. 이 말은 정부가 경제, 기업, 개인들을 얼마나 통제하는지를 가리켜요.

큰 정부는 더 **많은**…

작은 정부는 더 **적은**…

…돈을 공공 서비스에 써요.

…기업 규제를 실행해요.

…법으로 사람들의 행동을 규제해요.

…세금을 걷어요.

정부의 행동 방식은 사회를 꾸리는 가장 좋은 방식에 대한 신념에 따라서도 달라져요.
이런 신념을 설명할 때 때로 **좌파**와 **우파**라는 말을 쓰기도 해요.

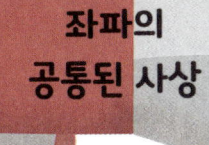

좌파의 공통된 사상

사람들, 기업들, 특히 부자들은 세금을 많이 내서 사회에 부를 돌려주어야 해요.

수도처럼 모두에게 필요한 서비스를 제공하는 기업은 국가가 소유해야 해요.

정부는 사회적으로 힘이 없는 사람들을 보호하고 그 사람들에게 돈을 써야 해요.

우파의 공통된 사상

개인과 기업의 일에 정부가 끼어들지 않는 게 좋아요.

정부가 할 일은 사람들에게 이런저런 일을 시키는 것이 아니라 사회를 안전하게 유지하는 거예요.

세금을 낮추어야 사람들이 돈을 더 열심히 벌고, 그러면 나라 전체가 더 잘 살게 돼요.

사람들도 정부도 대부분 좌파 사상과 우파 사상을 섞어서 갖고 있어요.
그래서 어떤 일에는 큰 정부를, 어떤 일에는 작은 정부를 선호하지요.

사각 지대

정부는 제한된 돈으로, 다양한 요구를 가진
수많은 집단을 상대해야 해요.
그래서 흔히 어떤 집단은 도움을 받지만
어떤 집단은 사각 지대에 들어가서
아무 도움도 못 받는 일이 생기지요.
노인, 학생, 실직자, 난민 가족이
그런 사각 지대에 들어갈 수 있어요.

우리 조국이 너무 위험해서 떠났어요.
이 나라는 우리를 안전하게 지켜 주겠다고 하지만,
우리는 일자리를 구할 수가 없어요.

학교에도 못 가고요.

어떤 경제 제도도 완벽하지 않아요.
6장과 8장에는 경제 제도를 개선할 몇 가지 아이디어가 나와 있어요.

제6장
거시 경제학

거시 경제학은 경제 전체를 큰 그림으로 살펴보는 일을
말해요. 사람들의 부가 늘어나는가 줄어드는가?
기업은 창업하는 수가 더 많은가, 폐업하는 수가 더 많은가?
물건 값은 올라가는가 내려가는가?
정부는 무슨 일을 할 수 있는가?

정부가 무슨 일을 할지 선택하는 일을 **정책**이라고 해요.
사람들이 선거로 새 정부를 뽑을 때 생각하는
중요한 질문 하나는 "이 정부의 정책이 잘 통할까?"
하는 거예요.

큰 그림

우리는 '왜 취업이 잘 안 될까?' 같은 경제학의 어떤 문제를 사람이나 기업의 관점에서 바라볼 수 있어요.

아니면 뒤로 멀리 물러나서 '왜 많은 사람이 취업을 하지 못 하는 걸까?'처럼 경제 전체가 어떻게 돌아가는지를 살펴볼 수도 있지요.

경제 문제들은 어떻게 연결돼 있을까요? 무엇이 경제 문제를 일으킬까요?
어떻게 해야 이 문제를 고치거나 막을 수 있을까요? 거시 경제학은 이런 '큰 질문들'을 다루어요.

큰 책임이 따르는 선택

나라 전체의 경제를 움직이는 일에는 한 사람이나 기업이 할 수 있는 것이 별로 없어요.
경제가 최대한 잘 돌아가게 만드는 일은 대개 정부에 달려 있어요.
정부가 하는 일은 제빵사가 하는 일과 약간 비슷해요.

제빵사의 머릿속에 완벽한 케이크의 아이디어가 있어요.

모든 정부는 풍부하고 좋은 일자리, 수준 높은 학교와 병원, 깨끗하고 건강한 환경 등 완벽한 경제에 대한 아이디어가 있어요.

제빵사가 그 완벽한 케이크를 만들 수 있는 요리법은 여러 가지가 있어요.

정부의 정책 결정자들은 경제학자가 말하는 모든 종류의 아이디어와 정책을 시도해 볼 수 있어요.

이제 케이크를 만들려면 재료의 분량을 잘 재야 해요. 경제를 운영하는 일도 마찬가지예요. 하지만 경제를 위해서는 밀가루 대신 실업률 같은 것을 측정해요.

아이디어가 아무리 훌륭해도, 제빵사나 정부는 가지고 있는 재료와 일하는 환경에 의해 제약을 받아요.

때로는 어느 정도 계획대로 되지만, 그렇지 않을 때도 있어요.

물론 경제는 케이크가 아니에요.
그것을 관리하는 데는 큰 책임이 따라요.
정부의 높은 사람들이 내리는 결정은
케이크 하나를 망치는 데 그치지 않고
국민의 삶에 큰 영향을 미쳐요.

경제를 측정하는 일

정부의 경제 전문가들은 경제의 각종 영역을 최대한 많이 측정해서, 고쳐야 할 패턴과 문제를 찾아내려고 해요. 그런 측정 수치 중 중요한 것 하나는 한 나라에서 일정 기간 동안 생산한 모든 것의 가치예요. 이것을 **국내 총생산(GDP)**이라고 해요.

GDP를 파악하는 한 가지 방법은 한 나라에서 일 년 동안 생산한 모든 것에 쓴 돈을 전부 더하는 거예요. 예를 들어 2018년 미국의 GDP는 다음과 같이 이루어졌어요.

한 가지 이상의 목표

많은 정부가 GDP 상승을 목표를 잡아요. 그러면 사람들의 형편이 좋아지고 생활이 윤택해질 거라고 생각하기 때문이에요. 하지만 GDP는 가격이 있는 것들만을 측정해요. 그래서 GDP에 집중하면 중요한 많은 것을 잊어버릴 위험이 있어요.

무료 노동

GDP는 부모가 아이들에게 글을 가르친다거나 살림을 하는 것처럼 집에서 돈을 받지 않고 하는 일은 계산하지 않아요.

환경

자연도 인간에게 중요한 많은 일을 공짜로 해 줘요. 예를 들면, 숲은 우리가 숨 쉬는 공기를 정화해 주지만, 숲이 GDP로 계산되려면 나무를 베어서 팔아야 해요.

불평등

GDP가 높은 부유한 나라도 부를 공정하게 분배하지 않으면, 가난한 사람이 많을 수 있어요.

> GDP를 높이려고 지구를 파괴하는 일은 없어야 합니다.

GDP가 내려가면 기업들이 생산을 줄인다는 뜻이에요.

기업들은 수입이 적어지면 할 일이 줄어들어서 필요한 직원 수도 줄어들어요.

> 올해는 제품이 너무 안 팔려서 사람을 좀 줄여야 할 것 같아요.

미래가 불확실해지면, 사람들은 돈을 덜 써요.

> 직장을 잃을 때를 대비해서 돈을 저축해야 해.

사람들이 세금을 덜 내서 정부가 쓸 돈도 줄어들어요.

> 학생들에게 국가 장학금을 줄 돈이 없어요.

> 돈을 좀 빌려야 할까요?

생산과 소비가 줄어들면 '부정적 순환'이 일어나서 사람들 생활이 어려워져요.
GDP가 6개월 이상 내려가는 것을 경제 **불황**이라고 해요.
대부분의 경제는 좋은 시기와 나쁜 시기가 번갈아 찾아와요.

다양한 측정

경제학자들은 경제가 사람들 삶에 미치는 영향을 파악하기 위해서
GDP뿐 아니라 온갖 다양한 수치를 측정해요. 이것들을 **경제 지표**라고 해요.

물가가 올라가는가, 내려가는가?

이것은 사람들이 가장 많이 사는 물건들로 이루어진 장바구니의 가격을 일정한 시기에 걸쳐 살펴보는 방법으로 측정해요.

작년 £50

올해 £51

물가는 시간이 흐르면 대부분 상승해요. 이것을 **인플레이션**이라고 해요. 물가가 천천히 오르면 사람들은 변화를 잘 느끼지 못하지만 상승 속도가 빨라지면 사람들도 변화를 느껴요.

물가가 내려가는 것은 **디플레이션**이라고 해요. 물가가 내려가면 좋을 것 같지만, 그렇게 되면 사람들은 돈을 더 잘 쓰지 않아요. 시간이 갈수록 물건이 더 싸질 거라고 생각해서 최대한 늦게 사려고 하지요.

실업자의 수는 몇 명인가?

일하고 싶어하지만 취업하지 못한 사람들의 비율을 **실업률**이라고 해요.

정부들은 실업률을 낮추려고 하지만, 실업률이 0이 되는 것은 불가능해요.

사람들은 돈을 얼마나 버는가?

이것은 평균 임금을 살펴보는 방식으로 측정해요. 평균 임금은 대체로 매년 조금씩 올라가요.

영국의 평균 주급 — 주급(파운드) 600 500 400 — 2016 2017 2018 2019

임금은 인플레이션과 자주 비교돼요. 임금이 물가만큼 오르지 않으면 사람들은 전보다 가난해져요.

이런 모든 수치는 항상 변화하기 때문에, 공식 수치는 한 시기의 사정만을 보여 줘요.

실업률 보고서를 다 작성했어요!

잘했어요! 이제 새로운 수치로 다시 쓰세요.

정부는 무엇을 할 수 있나요?

정부는 **세금** 같은 도구를 사용해서 경제를 운영할 수 있어요.
무엇에 세금을 매기고 세금을 얼마나 걷을지는 정부의 결정에 따라 달라져요.

오늘날 대부분의 나라에서
개인과 기업은 봉급이건
수익이건 상관없이
버는 돈에 대해 세금을 내요.

사람들은 소유한 재산에 대해서
세금을 내기도 해요.
물건을 살 때도 세금을 내지요.
우리가 사는 대부분의 물건에는
판매세가 포함되어 있어요.

정부는 세금으로 경제를 변화시킬 수 있어요.

더 친환경적으로, 더 안전하게, 더 건강하게

세금은 사람들에게 해로운 물건의 가격을 높여서 구매를 줄이게 만들기도 해요.

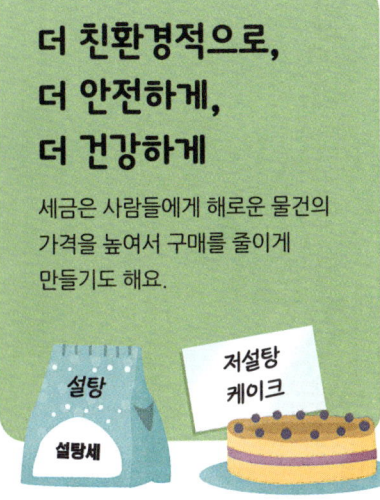

더 풍요롭게

기업의 세금을 줄여 주면, 기업은 제품을 생산하고 직원을 고용하는 데 더 많은 돈을 쓸 수 있어요. 기업을 돕는 일은 경제 성장에 도움이 돼요.

더 공정하게

대부분의 정부는 부유한 사람에게 많은 세금을 걷어서 가난한 사람들을 도와요. 자세한 내용은 다음 쪽을 보세요.

세금의 균형을 맞추기는 쉽지 않아요.

세금이 너무 많으면, 사람들은 이민 등 세금을 내지 않을 방법을 찾아요.

세금이 너무 적으면, 정부가 도로 건설이나 교육 환경 개선 등을 하기가 어려워요.

정부 지출

정부가 하는 큰일 가운데 하나는 돈을 어떻게 쓸지 결정하는 거예요.
정부가 돈을 쓰는 몇 가지 분야에 대해 알아봐요.

사회 보호
실업, 장애, 고령 등 여러 가지 이유로 생활이 어려운 사람들을 돕는 일.

공공 서비스
교육, 보건, 경찰 등 모든 사람에게 필요한 서비스.

기반 시설
도로, 다리, 인터넷 망 같은 것들을 건설하고 유지하는 일.

정부는 지출을 사용해서 경제를 변화시킬 수 있어요.

더 친환경적으로
정부는 풍력 발전처럼 공해를 일으키지 않는 방식에 돈을 쓸 수 있어요.

더 공정하게
모든 사람이 더 좋은 기회를 갖고, 부자도 가난한 사람도 똑같이 좋은 품질의 공공 서비스를 이용하게 만들 수 있어요.

더 생산적으로
한 예로, 인터넷 속도를 높이는 데 돈을 쓸 수 있어요.

정부가 돈을 빌리는 일

정부는 세금으로 걷은 돈보다 더 많은 돈을 써야 할 때가 자주 있어요.
그럴 때는 은행이나 다른 나라에서 **빌려서** 돈을 마련해요. 하지만 무한정 많은 돈을 빌릴 수는 없어요.
빌린 돈은 갚아야 하고, 거기에 **이자**라는 돈도 붙여서 주어야 하기 때문이에요.

2018년에 미국 정부는 **4조 1,000만 달러**를 썼는데…

…그중 **3,900만 달러**가 빌린 돈의 이자였어요.

정부는 그냥 돈을 더 찍으면 되지 않나요?

약간은 그럴 수 있지만, 돈을 너무 많이 찍으면 가치가 없어져요.

모든 정부는 돈을 빌려요. 그런데 시간이 많이 지나면 이자가 정말로 커질 수 있어요.
그래서 정부는 지출, 화폐 발행, 돈 빌리기의 균형을 잘 맞추어야 해요.

이자율

돈을 빌리는 것은 정부만이 아니에요. 기업과 개인도 돈을 빌려요.
정부가 경제를 움직이는 도구 중 하나는 은행이 돈을 빌려주는 대가로
받는 돈의 **이자율**을 바꾸는 거예요.

정부는 이자율을 바꿀 때 중앙은행과 협력해요. 이자율을 올리면 돈을 빌리는 부담이 커져요.
내리면 반대로 부담이 적어져요.

이자율을 낮추면 사람들과 기업이 돈을 더 많이 빌려서 쓰기 때문에, 경제에 활력을 불어넣을 수도 있어요.

실질적 효과

정부가 이런 도구들을 사용했을 때 정확히 어떤 일이 벌어질지는 아무도 몰라요.
함께 생각해야 할 다른 요소가 너무도 많기 때문이에요.
예를 들어 다음 경우에는 이자율을 낮추어도 정부가 기대하는 효과가 나지 않았어요.

그래서 정부의 전문가들은 어떤 방식이 통할지 알아내려고 노력해요.
하지만 정부가 아무리 좋은 뜻을 가지고 일해도, 경제 위기는 10년에 한 번씩 찾아오는 것 같아요.

경제 위기!

경제학자들은 과거의 경제 불황을 연구해서 그것이 미래에 반복되지 않게 만들려고 해요.
최악의 경제 불황인 '대공황'은 미국에서 시작돼서 전 세계를 덮쳤어요.

당시 경제학자 대부분은 생산성이 떨어지는 기업은 사라지고 그렇지 않은 기업은 다시 사람들을 고용해서 경제가 회복될 거라고 생각했어요. 하지만 몇 년이 지나도 그런 일은 없었어요.
영국 경제학자 존 메이너드 케인즈가 한 가지 설명을 내놓았어요.

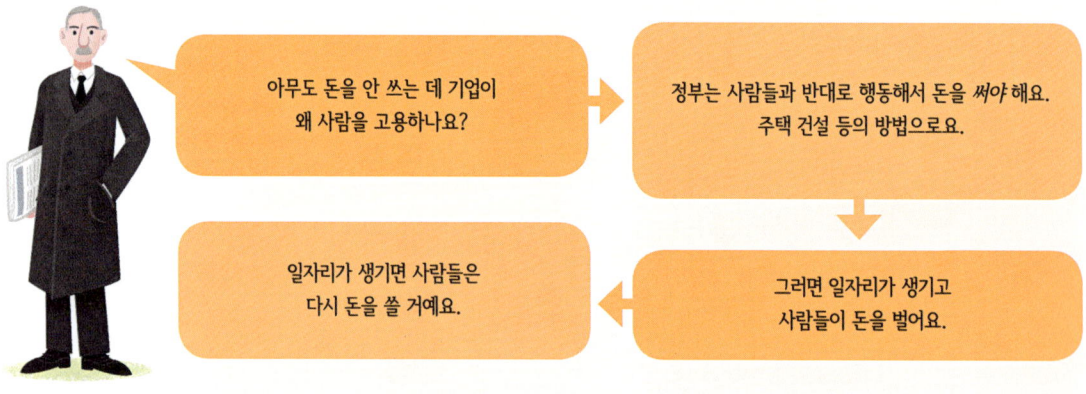

미국의 루스벨트 대통령은 대공황 이후 10여 년 동안 바로 그 일을 했어요.
큰돈을 들여서 건설 사업을 하고 일자리를 만들었지요. 또 돈도 많이 찍고, 이자율도 낮추고,
세금도 높였어요. 그래서 무엇이 경제를 회복시켰는지 정확히 알기는 어려워요.

대공황 시기에 수요의 하락은 위기를 일으킨 원인 중 하나였어요.
하지만 때로는 공급이 위기를 일으키기도 해요.

물가가 오르고(인플레이션), 한동안 높은 실업률이 이어지면서 불황이 닥쳤어요.
경제학자들은 이 두 가지 문제를 어떻게 해결할지 고민했어요.

20세기의 수많은 경제 불황이 보여 주듯이, 위기를 해결하는 깔끔한 해결책은 없어요.
정부와 경제학자들은 때로 두 개의 나쁜 것 사이에서 덜 나쁜 것을 선택해야 하는 문제에 부닥쳐요.

일터의 노동

이 세상 대부분의 사람들은 집에서 가족과 함께 보내는 시간보다 직장에서 보내는 시간이 더 많아요. 사람들의 노동을 통해서 씨앗은 식품이 되고, 나무는 종이가 되고, 아이디어는 발명품이 돼요. 노동을 사고파는 큰 시장은 아래처럼 돌아가요.

노동의 규칙

정부는 노동자들을 보호하기 위해서 노동을 더 공정하고 안전하게 만드는 규칙을 정하고 실행해요. 이런 규칙을 **노동권**이라고 해요. 노동권에는 다음과 같은 권리들이 있어요.

| 공정한 임금 | 안전하고 건강한 노동 환경 | 유급 휴가 | 아동 노동 금지 (대부분의 나라는 어린이가 돈을 받고 일하는 것을 법으로 금지해요.) |

어떤 규칙은 노동의 가격을 올려요.

그래서 정부는 각 규칙의 비용과 이점을 잘 생각해야 해요.

실업

이론적으로 수요와 공급의 법칙에 따르면, 사람들의 실업 상태는 오래 가지 않아야 해요.
이론적으로는 이런 흐름이 생겨요.

노동 수요가 내려가면… → … 사람들은 일자리를 잃어요. → 노동자들은 더 적은 돈에도 일을 하려고 해요. → 임금이 내려가서 고용 비용이 작아져요. → 고용주들은 다시 노동자를 고용할 수 있어요.

하지만 현실에서는 어느 나라나 항상 실직자가 있어요.
때로는 그 수가 상당히 많아지기도 하고, 아주 오랜 기간 동안 실직한 사람들도 있어요.

사람들이 사는 곳과 기업이 노동자를 구하는 곳이 같지 않을 수도 있어요.

기업이 어려워지면 관리자들은 *모든* 노동자의 임금을 깎는 것보다 일부 노동자를 해고하는 일이 더 쉬워요.

실업은 경제 전체가 어떻게 돌아가느냐에 따라 영향을 받기도 해요.

노동자들이 가진 기술과 기업이 원하는 기술이 맞지 않는 경우도 많아요.

지금은 경제 불황이야! 임금이 낮아도 경제가 좋아지기 전에 사람을 더 고용하는 위험을 감수할 수 없어.

나는 탄광 노동자로 일하다가 실직했어. 이제 탄광 기술자는 아무데서도 부르지 않아.

실직은 생계도 어렵게 하지만, 정신적, 육체적 건강도 해쳐요.
그래서 실업은 정부가 해결해야 하는 큰 문제 중의 하나예요.
정부가 쓸 수 있는 몇 가지 방법을 살펴봐요.

경제를 부양하는 거죠. 경제가 잘 돌아가면 기업이 사람들을 더 고용할 거예요.

노동자들이 필요한 기술을 익히도록 교육 비용을 지원해 주는 거예요.

또 기업이 노동자를 더 쉽게 고용하게 해 줘야 해요. 기업이 낼 세금을 깎아 주는 방법이 있죠.

경력이 없는 청년들처럼 취업에 불리한 사람들을 고용하는 기업에게 유인을 줄 수도 있어요.

빈곤

모든 사람이 인간다운 삶을 누릴 기회를 가져야 한다는 데는 반대하는 사람이 없을 거예요.
하지만 현실에는 가진 것이 너무 없어서 매일매일 힘겹게 사는 사람들이 있어요.
부자들뿐 아니라 모든 사람이 함께 잘 사는 경제를 만들려면
빈곤을 측정하는 것이 그 첫걸음이에요.

가난의 기준은 무엇인가요?

각각 인도와 영국과 미국에 사는 세 가족의 예를 보세요.

이 세 가족을 보면, 빈곤은 숫자의 문제가 아니라는 걸 알 수 있어요.
가운데 가족은 왼쪽 가족보다 60배 더 벌지만 역시 기본적 생활에 어려움을 겪어요.
오른쪽 가족은 지금은 수입이 없지만 과거에 많은 돈을 벌었고, 앞으로도 그럴 것으로 보여요.
빈곤의 한 가지 정의는 '자신이 속한 사회에 참여할 만한 돈이 부족한 것'이에요.
영국에서 한 연구에 따르면, 필수적인 것들을 살 수 있어야 해요.

그리고 이러한 것들도 할 수 있어야 해요.

이 기준에 따르면, 영국은 5명 중 1명이 빈곤 상태예요.

빈곤의 덫

가난한 사람들이 재능을 발휘해서 안정된 인생을 살려면, 많은 기술과 의지와 행운이 필요해요.
반대로 부자들은 부유한 생활을 유지하기 쉬워요.
부유한 집과 가난한 집에 태어난 두 아이를 보세요.

| 가난하면 좋은 교육 환경을 갖기 어려워요. | 그래서 흔히 임금이 낮고 불안정한 직업을 갖게 돼요. | 그리고 불운이 닥치면 더 큰 어려움을 겪어요. |

가난한 집
- 엄마 숙제 좀 도와주세요.
- 안 돼. 저녁 일 가야 해.
- 봉급은 낮고 승진 기회도 없지만 이보다 좋은 일자리를 구할 수 없었어.
- 다리를 다쳐서 일을 못 하게 됐어. 새 직장은 아직 구하지 못했어.

계속 빈곤

부유한 집
- 엄마, 숙제 좀 도와주세요.
- 과외 선생님이 오실 거야.
- 내가 취업한 이 직장은 봉급도 높고 승진 기회도 많지!
- 회복하실 때까지 택시로 출퇴근하세요. 비용은 회사에서 댈 거예요.

계속 부유

빈곤은 사람들의 잠재력을 묻어 버리고 사회를 불공정하게 만들어요.
부자와 가난한 사람들의 이런 차이를 **불평등**이라고 하는데, 불평등은 대체로 점점 더 커져요.

불평등을 줄이기 위해 많이 사용되는
몇 가지 정책을 살펴보아요.
이 정책들은 부를 분배하는 것뿐
아니라 사람들이 가난에서 빠져나오게
도와주는 것을
목표로 해요.

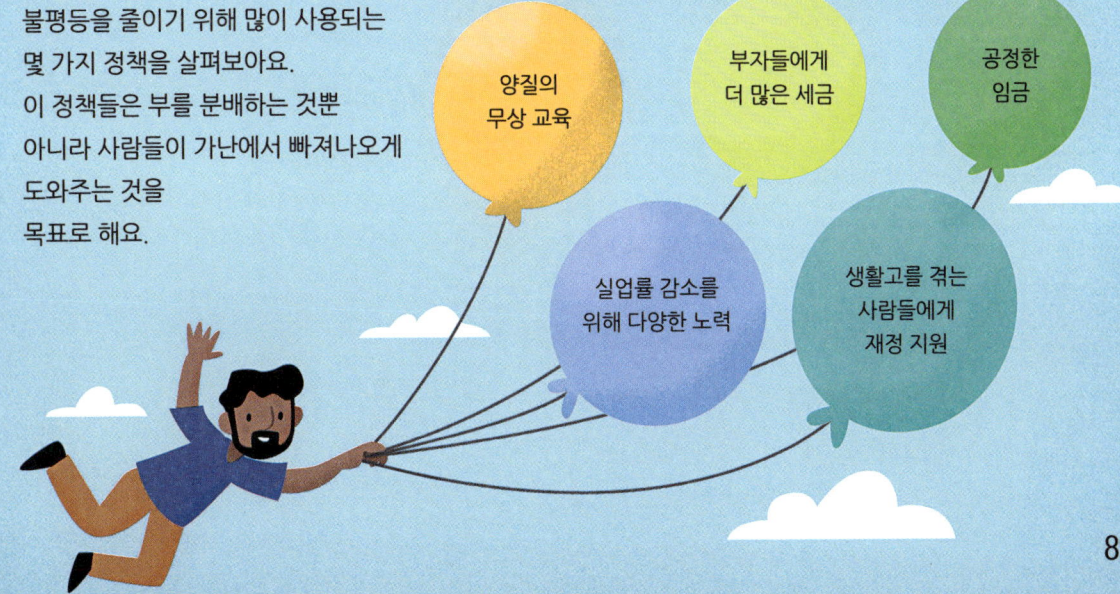

- 양질의 무상 교육
- 부자들에게 더 많은 세금
- 공정한 임금
- 실업률 감소를 위해 다양한 노력
- 생활고를 겪는 사람들에게 재정 지원

제7장
국제 무역

수천 년 동안 사람들은 배를 타고 폭풍이 치는 바다를 건너고,
낙타를 타고 끝없는 사막을 지나고, 달구지를 끌고
울퉁불퉁한 길을 이동했어요. 이런 모든 노력은
사람들이 전 세계 곳곳과 무역할 수 있게 해 주었어요.

무역은 사람들에게 더 폭넓은 선택권을 주고,
가격을 낮추고, 필수적인 자원을 보급해요.
장거리 무역은 시장의 효율성을 높이고 경쟁을 키우지요.
이런 장점에도 불구하고, 국제 무역은 논란이 많은 주제예요.

수입과 수출

어떤 나라는 다른 나라보다 특정 물건을 더 싸게 만들어요.
무역은 그 나라의 싼 물건을 다른 나라의 싼 물건과 교환하는 일이에요.

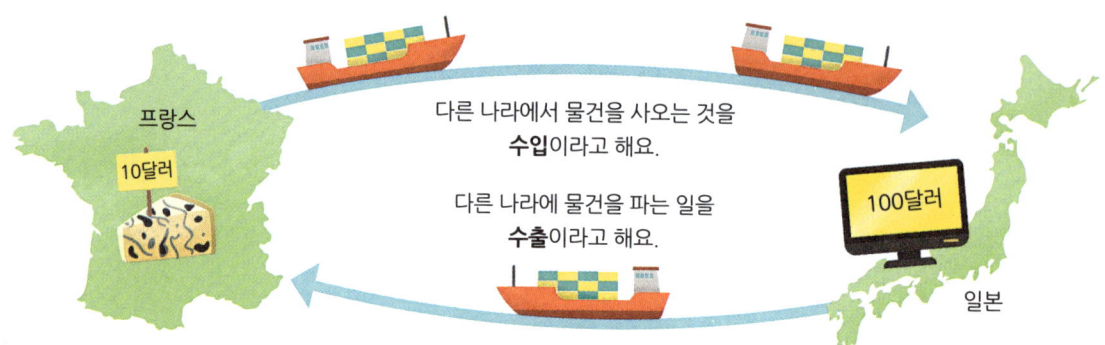

다른 나라에서 물건을 사오는 것을 **수입**이라고 해요.

다른 나라에 물건을 파는 일을 **수출**이라고 해요.

예를 들어, 프랑스는 블루치즈를 일본보다 싸게 만들어요. 일본은 TV를 프랑스보다 싸게 만들어요.
그래서 프랑스 치즈 회사가 치즈를 더 만들어서 일본에 수출하고,
일본의 가전 회사가 TV를 더 만들어서 프랑스에 수출하는 것은 좋은 아이디어예요.
두 나라 소비자가 모두 더 좋은 물건을 더 싸게 살 수 있기 때문이지요.

장거리 무역은 쉽지 않아요. 많은 양의 물건을 외국으로 가져가려면 힘든 일도 많고 비용도 많이 들어요.

억! 고약한 냄새!

거기다 나라들이 무역을 어렵게 만들기 위해 국경을 넘는 세금, 즉 **관세**를 매기기도 해요.

관세는 외국 제품을 비싸게 만들어서 국내 기업을 보호해 줘요.

관세냐 자유 무역이냐?

정치인들은 사람들의 인기를 얻기 위해 관세를 사용하고 싶을 때가 많아요. 관세를 높이 매기면 외국 제품의 판매가 어려워져서 국내 기업이 편해지고, 정치인들도 표를 얻기에 유리해지지요.

이것은 좋은 일 같지만, 관세에는 여러 가지 문제가 있어요.
많은 경제학자들은 관세를 되도록 없애거나 줄여야 한다고 말해요.
이런 일을 **자유 무역**이라고 해요.

1945년 이후로 자유 무역 찬성파가 우위를 차지했어요.
논란은 있지만, 많은 나라가 관세를 없애고 개방과 교류를 늘리는 길로 나아갔어요.
하지만 아직도 모든 나라는 약간의 무역 장벽을 두르고 있어요.
이런 모든 일이 **세계화**라는 과정을 이루어요.

자유 무역의 원리

많은 경제학자가 자유 무역은 모두를 이롭게 한다고 말해요.
그 원리는 200여 년 전에 생겨난 **비교 우위**라는 경제 이론에서 나와요.
다음과 같은 일을 상상해 보세요.

리지와 캐리가 조난을 당해 무인도에서 살게 되었어요.
둘이 섬에서 살아남기 위해 해야 할 가장 중요한 일은 두 가지,
코코넛 열매를 따는 것과 물고기를 잡는 거예요.

캐리는 두 가지 일을 다 잘해요.
하루에 물고기 20마리를 잡거나
코코넛도 20개를 딸 수 있지요.

리즈는 두 가지 다 잘 하지 못해요.
하루 종일 물고기 2마리를 잡거나
코코넛은 18개를 따요.

캐리는 코코넛 채집도 물고기 낚시도 다 리즈보다 잘해요.
이렇게 한 사람이 모든 일을 다 잘할 때, 둘이 일을 나누어서 하고 먹을 것도 나누는 게 좋은 일일까요?
답은 놀랍게도 **그렇다**예요. 일을 하는 데 들어가는 *비용* 때문이에요.

캐리가 물고기 1마리를 잡는 데는
코코넛 1개를 따는 것과 같은 시간 비용이 들어가요.

 =

캐리가 코코넛 1개를 따는 데는
물고기 1마리를 잡는 것과 같은 시간 비용이 들어가요.

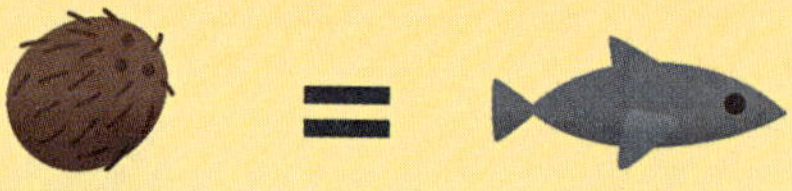

리즈가 물고기 1마리를 잡는 데는 코코넛 9개를
따는 것과 같은 시간 비용이 들어가요.
그래서 리즈의 물고기는 **비싸요**.

리즈가 코코넛 1개를 따는 데는 물고기 1/9마리를
잡는 것과 같은 시간 비용이 들어가요.
그래서 리즈의 코코넛은 **싸요**.

코코넛도 캐리가 더 잘 따지만, 리즈가 코코넛을 따는 기회비용이 훨씬 작아요.
이런 일을 **비교 우위**라고 해요.
이 예로 보면, 무인도에서 두 사람이 식량을 마련하는 가장 좋은 방법은
각자 기회비용이 작은 물품의 생산에 특화하고, 나머지는 무역으로 얻는 거예요.

두 사람이 특화를 하지 않으면,
10일 뒤 식량의 총량은 다음과 같아요.

두 사람이 특화를 하면,
10일 뒤 식량의 총량은 다음과 같아요.

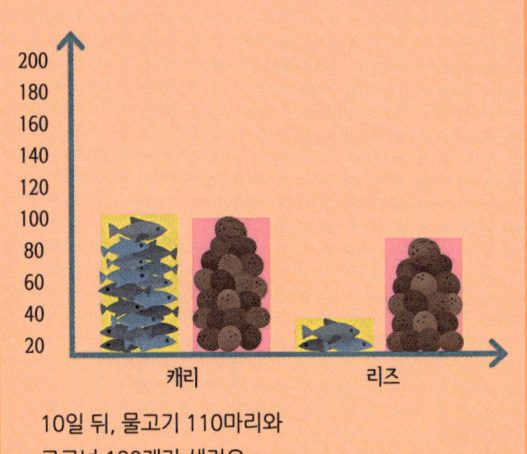

10일 뒤, 물고기 110마리와
코코넛 190개가 생겨요.

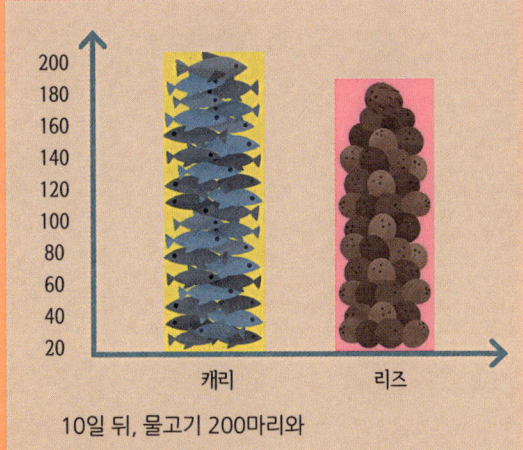

10일 뒤, 물고기 200마리와
코코넛 180개가 생겨요.

비교 우위는 무인도에서도 통하고 현실 세계에서도 통해요.
모든 나라가 각자 가장 효율 높은 제품을 생산하고
효율이 낮은 제품을 무역으로 구하면, 전체적으로
더 좋은 물건을 더 싼 가격에 더 많이 만들 수 있어요.
하지만 이것은 나라들이 모두 자유롭게 무역을 할 때만
가능해요. 이론적으로 보면, 자유 무역은 모든 사람이
물건을 더 싸게 사서 모두의 생활 수준을 향상시켜 줘요.

장벽의 이유

모든 나라는 국내에 파는 물건을 얼마간 통제하기를 원하고,
그래서 많은 나라가 계속 약간의 관세와 무역 장벽을 실행해요.

신생 기업은 이미 기반을 탄탄하게 갖춘 기업들과 경쟁하기가 매우 어려워요.
60년 전의 예를 한 번 보세요.

한국에 제철소를 만들고 싶습니다. 그런데 해외 기업이 더 좋은 철강을 더 낮은 가격에 만들기 때문에 경쟁하기 힘들어요.

외국산 철강에 일시적 관세를 붙여서, 우리나라에서만큼은 우리 철강을 사게 합시다.

한국

한국 정부는 50년 동안 관세를 이용해서 많은 신생 기업을 보호했어요.
오늘날 이 기업들은 세계적인 기업이 되었지요.

어떤 산업은 다른 나라에게 맡기면 위험해질 수 있어요.

미안하지만 원자력 발전소를 짓는 일은 외국 기업에 맡길 수 없어요. 당신들을 믿을 수 없어요!

우리의 슈퍼 레이저포를 팔지 않겠습니다! 이걸 우리 군인들에게 쏠지 어떻게 압니까?

어떤 물건은 만드는 것도 파는 것도 잘못이에요. 또 어떤 물건은 판매에 제한을 두어야 하지요.
많은 정부가 환경을 파괴하는 제품, 어린이에게 위험한 제품, 위험 경고가 없는 제품을 금지해요.
이런 것을 **비과세 장벽**이라고 해요.

칼잡이 곰
진짜 미니 칼이 들어 있어요!

재료
설탕 과다
소금 과다
지방 과다

무역 장벽은 무엇이건 나라들 간에 갈등을 일으킬 수 있어요. 왜 장벽을 세우냐고 서로를 비난하는 일이 많지요. 때로는 무역 전쟁도 일어나요.

위험한 무역 전쟁

정부가 높은 관세를 매기면, 다른 나라들도 관세를 높여서 대응해요.
관세는 수입을 막을 수 있지만, 우리의 수출도 막는 결과를 낳아요.

경쟁하는 국가들이 관세를 계속 높이는 것은 **무역 전쟁**이라는 갈등의 한 가지 형태예요.
무역 전쟁은 모든 사람이 고통 받기 때문에 이기기 어려워요.
대공황 시기의 유명한 예가 있어요.

1930년에 미국 농민과 제조업자들이 어려움을 겪었어요.
정부는 사람들을 돕기 위해 900가지 수입품의 관세를
네 배로 올렸어요.

관세의 효과가 나면서 미국은 외국 제품 수입이
66퍼센트나 떨어졌어요.

하지만 다른 나라들도 그 보복으로
관세를 올렸지요.
미국의 수출은 61퍼센트가 떨어졌어요.

국제 무역은 서서히 멈추었어요. 1934년에 미국의 GDP는 절반이 되고, 세계 무역은 66퍼센트가 줄었어요.
수천 개의 기업이 문을 닫고, 수백만 명이 실업자가 되었어요. 전 세계가 고통 받았지요.

무역 블록

때로는 여러 나라가 함께 자유 무역 협정을 맺고 **무역 블록**을 만들기도 해요.
유럽의 유럽연합((EU), 남아메리카의 남미공동시장(MERCOSUR, 메르코수르) 등이 그 예지요.
이런 블록의 회원국들은 서로 자유롭게 무역을 하기로 합의해요.
또 비회원국들과 무역을 어렵게 만들기 위해 공동 관세와 비관세 장벽을 도입하기도 해요.

어떤 무역 블록은 재화와 서비스의 무역만을 목적으로 해요.
하지만 유럽연합 같은 곳에서는 사람도 돈도 자유롭게 움직일 수 있어요.
사람들은 회원국 어디라도 가서 살 수 있고, 거기서 일하면서 돈을 벌어 세금을 낼 수 있어요.

때로 어떤 나라가 다른 나라 또는 블록이 불공정하게 행동했다고 생각하는 경우가 생겨요.
이런 일이 일어나면 **세계무역기구**(WTO, World Trade Organization)에 제소할 수 있어요.
세계무역기구는 무역 분쟁에 대해 판결을 내리고, 새로운 협정을 맺게 해 주는 국제기구예요.

세계화

세계화로 인해 거의 모든 나라가 참여하는 거대한 경제가 만들어졌어요. 최근에 세계 경제는 엄청나게 성장했어요. 거기에는 자유 무역도 도움이 되었지만, **컨테이너 수송**과 **통신**이라는 두 가지 단순한 이유도 있어요.

세계의 70퍼센트는 바다로 덮여 있어요. 그래서 물건을 수송하는 가장 좋은 방법은 선박 수송이에요. 세계 곳곳에서 수천 대의 거대한 화물선이 우리가 생각할 수 있는 모든 종류의 물건을 **컨테이너**라는 금속 상자에 담아서 수송해요.

육지에서는 기차도 컨테이너를 수송하지.

1945년에는 화물선에 짐을 싣고 내리는 데 일주일이 걸렸어요. 이제는 컨테이너 시스템 덕분에 훨씬 더 큰 배에서도 6시간이면 짐을 내릴 수 있어요.
이런 효율성이 지난 70년 동안 국제 무역을 폭발적으로 증가시켰어요.

세계 무역량 총액
1954년 570억 달러
2018년 18조 달러

인터넷과 이메일이 발명되어서, 지구 반대편 사람들과 실시간으로 소식을 주고받게 되었어요. 국제적 기업을 운영하는 일도 어느 때보다 쉬워졌고, 대기업은 여러 나라의 자원과 부품을 이용해서 제품을 생산할 수 있어요.

내 손 안의 국제적 스마트폰!

이 모든 것이 스마트폰 한 대에 들어 있어요.
- 스위스산 자이로스코프
- 한국산 반도체
- 중국산 배터리
- 가나산 금
- 미국산 유리스크린

이론에 따르면, 세계화는 경제의 효율을 높이고, 모든 사람이 더 좋은 물건을 싸게 사서 더 윤택하게 살게 해요. 하지만 과연 그렇게 되었을까요? 다음 쪽에서 알아봐요.

세계화의 승자와 패자

승자 : 많은 사람들

세계 인구가 엄청나게 증가했는데도, 극심하게 가난한 사람들의 수는 줄어들었어요.

인구 (십억)
전체 인구
빈곤 인구
1950년 2015년 연도

더 친환경적인 선박 수송 규칙을 만드는 건 어떨까요?

패자 : 고립

국제 무역 규칙과 협정은 개별 나라가 사용할 수 있는 정책과 법을 제한할 때가 많아요. 한 나라가 그 규칙을 어기면 다른 나라들이 그 나라와 무역을 하지 않아요.

승자 : 기술

무역이 활발해지면 각 나라는 자신이 가장 잘하는 분야에 특화할 수 있어요. 필요한 모든 것을 생산할 필요가 없기 때문이지요. 지난 50년 동안 이런 집중 덕분에 세계는 빠른 기술 발전을 이루었어요.

교류가 많아지면서 좋은 아이디어와 혁신은 훨씬 더 빨리 퍼져요. 중국에서 발명한 화약이 유럽에 전달되는 데는 300년이 걸렸어요. 하지만 오늘날은 그렇게 오래 걸리지 않아요.

패자 : 책임

세계적 대기업들은 여러 나라에서 사업을 벌여요. 그래서 때로는 개별 나라가 그런 기업에게 규칙을 강제하거나 공정한 세금을 매기기 어려운 경우도 있어요.

승자 : 개발
세계화는 중국, 인도, 인도네시아 같은 나라에 많은 일자리와 기회를 만들었어요. 이 나라들에서 수십억 명의 사람이 극심한 빈곤에서 빠져나왔지요.

패자 : 일부 노동자들
기업들은 종종 사람을 더 값싸게 쓸 수 있는 곳으로 공장을 옮겨 버려요. 그러면 원래 공장의 노동자들은 새 일자리를 얻거나 재훈련을 받지 못하는 경우가 많아요. 정부가 돕지 않으면, 소도시나 심지어 지역 전체가 세계화로 고통을 겪기도 해요.

공장 폐쇄

좋은 생각이에요!

패자 : 탄소 배출
무역이 많아지면 생산과 수송이 많아져요. 그 결과 이산화탄소가 많이 배출되어 오늘날의 기후 위기를 일으켰어요.

승자 : 협력
무역이 잘 되려면 여러 나라가 협력해야 해요. 이런 협력을 통해서 이민과 기후 변화 같은 큰 문제를 해결하기 위해 노력할 수 있어요.

패자 : 작은 나라들
대형 무역 블록은 회원국들이 유리한 입장에서 무역을 하게 해 줘요. 하지만 그러면 작은 나라들은 불리한 입장에서 무역을 해야 하고, 경제 성장이 어려워져요.

그 조약에 서명하겠어요!

패자 : 지나친 특화
가난한 나라들은 자신들의 뜻과 상관없이 경제가 금, 커피, 바나나 같은 한 가지 상품의 수출에 특화돼요. 이렇게 한 가지 상품에만 의존하는 일은 위험해요. 그 상품의 가격이 떨어지거나 사람들 취향이 바뀌면 나라 전체가 어려움에 빠지거든요.

여러분이 가진 물건 중에 외국에서 온 것은 무엇인가요?

자유 무역은 많은 사람과 나라를 부유하게 만들어 주었지만 문제도 일으켰어요.

제8장
중요한 질문들

경제학이 다루는 문제의 범위는 거의 한계가 없어요.
경제학자들은 여러 가지 방법을 사용해서
오늘날 세계가 직면한 크고 작은 문제를 분석해요.

이 장에서는 그런 질문 중 몇 가지를 탐구해요.
그리고 우리가 어떤 질문을 해야 하는지도
이야기하지요.

경제학이 지구를 구할 수 있을까요?

석유나 석탄 같은 화석 연료를 사용하면, 지구 온난화를 일으키는 기체인 이산화탄소가 나와요. 우리는 수십 년 전부터 이 사실을 알았지만, 해마다 점점 더 많은 화석 연료를 사용하고 있지요.

아직 변화를 일으킬 시간은 있기 때문에 절망하기에는 일러요.
많은 사람이 소비 습관을 바꾸면, 시장과 기업도 반응할 거예요.

개인은 이런 선택을 할 수 있어요.

비행기 여행 줄이기
비행기 여행은
가장 빠르게 성장하는
이산화탄소 오염원이에요.

고기를 덜 먹기
가축을 키우는 일은
막대한 양의 자원과
땅을 사용해요.

물건을 버리지 않고 고쳐 쓰기
자원을 아낄 수 있어요.

가격이 더 비싸도 가까운 곳에서 생산한 물건을 사용하기
수송 과정의 오염을 줄여요.

하지만 가장 중요한 선택들은 *사회가* 내려야 해요.
법을 만들고 세금을 올려서 모든 사람의 유인을 변화시키는 일은 정부만이 할 수 있어요.
한 가지 아이디어는 화석 연료 사용에 국제적 세금을 붙이는 거예요.

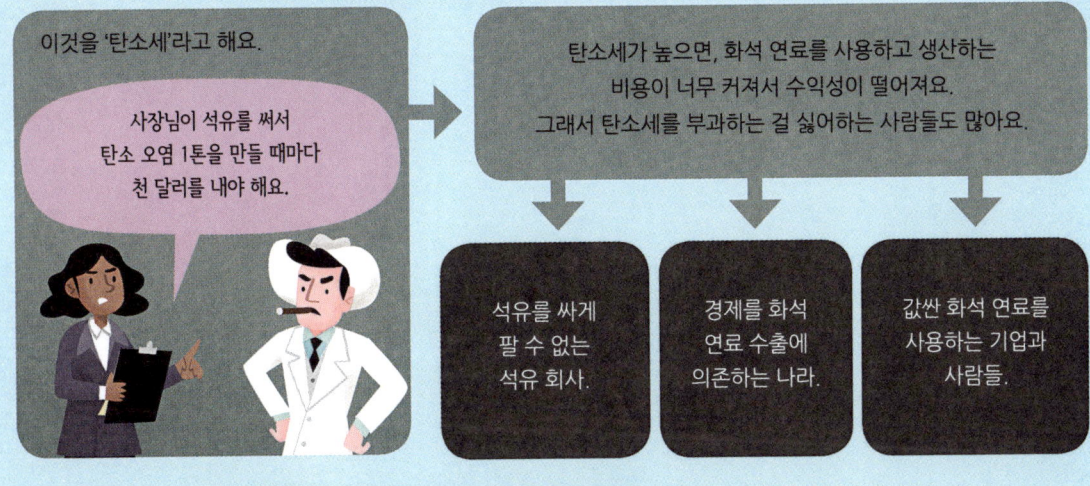

이런 변화를 싫어하는 사람들은 흔히 경제를 근거로 반대해요.
"변화에는 돈이 너무 많이 들고, 사람들은 일자리를 잃을 것"이라고 말하지요.
하지만 대안 연료를 옹호하는 강력한 경제적 주장도 있어요.

기후 변화의 경제학에 대한 '스턴 보고서'는
현재 기후 변화에 대처하는 비용을
전 세계 GDP의 2퍼센트로 추정했어요.

스턴 보고서는 몇 십 년 안에
이 문제를 해결하지 않으면,
그 비용이 전 세계 GDP의 20퍼센트가
될 거라고 추정했어요.

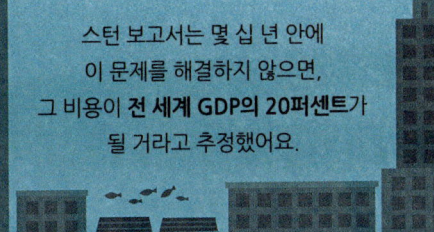

전쟁은 어떻게 시작하나요?

인류 역사가 시작된 뒤로 사람들은 다양한 정치적, 역사적 이유로, 때로는 심리적 이유로도 전쟁을 했어요. 하지만 대부분의 전쟁에는 중요한 *경제적* 원인이 있었어요.

자원

로마 제국 경제에서 전쟁은 중요한 역할을 했어요. 로마는 정복지에서 가져오는 사치품, 광물, 곡물로 부를 누렸지요. 오늘날 많은 나라가 유전 같은 귀중한 자원을 두고 싸워요.

국제 무역

19세기에 대영제국은 중국에 강력한 마약인 아편을 팔아서 막대한 수익을 올렸어요.

중국 황제가 국민을 보호하기 위해 아편 무역을 금지하자, 영국은 마약을 계속 팔기 위해 1839년과 1856년 두 차례에 걸쳐 중국을 침략했어요.

희소성과 부패

2011년에 시리아 내전이 시작된 원인 가운데 하나는 지독한 가뭄이었어요. 농민들은 물이 없어서 농사를 지을 수 없었어요. 그래서 도시로 몰려갔지만, 그곳에도 식량과 일자리는 없었지요. 거기다 사람들은 정부가 일자리, 식량, 자원을 부당하게 빼앗아가서 분배하는 데 분노했어요.

2011년에 반정부 시위가 시작되었어요. 정부는 폭력으로 맞섰고, 내전이 벌어졌지요.

전쟁을 멈추는 법

경제학자들이 **게임 이론**(63쪽 참고)을 연구한 이유 중 한 가지는 어떻게 하면 핵전쟁에서 이길 수 있을지 예측하기 위해서였어요. 결론은 *싸우지 않는 것이* 승리하는 것이었어요.

1945년부터 1991년까지 미국과 소련(지금의 러시아와 주변 나라들)은 아주 긴장된 관계였어요. 그 이유 하나는 두 나라가 다 무시무시한 핵무기를 갖고 있었기 때문이에요.

여기서 사람들은 게임 이론을 연구했어요. 게임 이론 중에 양쪽이 상대를 배신하느냐 협력하느냐 선택하는 것이 있었어요.

나는 배신이 좋아! 폭격당하기 전에 우리가 먼저 폭격할 거야!

게임 이론으로 알게 된 놀라운 사실은, 우리가 상대를 신뢰하지 못하면 그 논리적 결과는 항상 배신이라는 것이었어요.

그래서 양편은 모두 상대방이 언제라도 핵전쟁을 시작할 수 있다는 것을 알았어요.

이것을 '억지력'이라고 해요.

이론에 따르면, 공격을 막는 유일한 방법은 어느 쪽도 전쟁에서 살아남을 수 없을 만큼 *아주 많은* 폭탄을 만드는 것이었어요.

억지력은 배신하고 싶은 유인을 누르고 양쪽이 서로 협력하게 만들었어요.

어떤 경제학자들은 국제 무역도 전쟁을 멈추는 수단이 될 수 있다고 말해요.

서로 무역을 많이 하는 나라 사이에서는 전쟁을 할 확률이 낮아진다고 생각해요.

맞아요. 서로 의존하는 나라들은 갈등을 빚으면 손해가 많아져요.

거기다 어느 나라와 무역을 중단한다면, 실제로 전쟁을 하지 않고도 그 나라에 반대한다는 메시지를 전달하는 것이죠.

맞는 말씀이에요. 하지만 어느 나라를 벌주기 위해 무역을 금지하는 일은 전쟁 못지않게 큰 피해를 끼친다는 걸 명심해야 해요.

기술은 왜 중요한가요?

새로운 장치가 나오면 많은 사람이 열광해요.
어떤 사람들은 신형 휴대폰을 가장 먼저 손에 넣기 위해 가게 앞에서 밤을 새기도 하지요.
하지만 비록 평범한 세탁기라고 해도, 기술에 가장 열광하는 사람은 바로 경제학자들이에요.

세탁기는 발명 이후 백 년이 넘는 세월 동안…

… 엄청나게 많은 시간, 특히 여성들의 가사 노동 시간을 줄여 주었어요. 그래서 여성들은 집 밖에 나가서 돈을 벌 시간이 생겼어요.

…여성들의 직업의 종류를 바꾸었어요. 1870년대 미국에서는 일하는 여성의 50퍼센트가 가정부였어요. 지금은 가정부는 1퍼센트도 되지 않아요.

새로운 기계, 아이디어, 작업 방식은 사람들의 생활 방식을 변화시켜요.
신기술은 적은 자원으로 더 많은 걸 만들게 해 주어 경제를 발전시켜요.
많은 정부가 이런 일을 권장하기 위해…

… 광대역 케이블 같은 기반 시설을 공급해요.

… 연구비를 지원해요.

… 법으로 아이디어를 보호해서, 사람들이 아이디어 도난을 걱정하지 않고 새로운 것을 만들게 해 줘요.

일자리는 어떻게 되나요?

전에는 일자리가 있었는데, 이제는 아무도 가정부를 쓰지 않아.

하지만 엄마, 저는 일자리가 더 늘었어요.

대부분의 경제는 해마다 신기술로 10퍼센트의 일자리가 사라지고, 또 그만큼이 생겨나요. 하지만 큰 공장이 문을 닫으면, 한 지역에 실업자가 너무 많아지고 개인들이 그 대가를 치르게 되지요. 이럴 때는 정부의 도움이 필요해요. 오래전부터 사람들은 기술 발달로 생기는 일자리보다 없어지는 일자리가 더 많을 거라고 걱정했어요. 하지만 지금까지 사라지는 일자리가 더 많아지는 일은 일어나지 않았어요.

불평등해도 괜찮은가요?

경제적인 질문에 경제학자들만 답할 수 있는 것은 아니에요. 미국의 철학자 존 롤스는 불평등에 대한 태도를 알아보기 위해 사람들에게 이상적인 세계를 상상해 보라고 했어요.

1. 그 세계에는 똑같은 크기의 두 집단이 있어요. '상층' 집단과 '하층' 집단이에요.

2. 이 세계에 살려면 이 질문에 답을 해야 해요. '두 집단은 각각 어느 정도의 부를 가져야 하는가?'

3. 그런 뒤 동전을 던져서, 그중 한 집단에 들어가게 해요.

많은 나라에서 이 실험을 해 보니, 사람들은 대체로 상층과 하층 사이에 차이가 있는 불평등한 세계를 설계했지만, 그 차이는 크지 않았어요. 그 이유는 다음과 같아요.

흥미롭게도, 이런 이상적인 세계의 불평등한 나라는 현실 세계보다 훨씬 공평했어요. 그리고 사람들이 인식하는 것보다도 훨씬 더 공평했어요. 2017년 미국의 한 연구에 따르면, 사람들은 미국에서 가장 부유한 20퍼센트에 대해 이렇게 생각했어요.

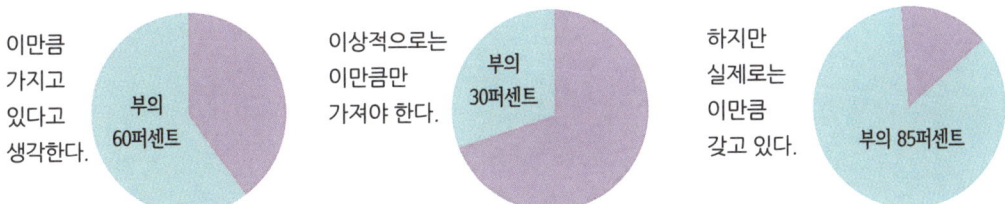

사람들이 *약간의* 불평등은 괜찮다고 생각해도, 그것도 불공정해 보여요. 우리나라는 어떤가요? 모든 사람이 부자가 되고, 성공하고, 행복할 기회가 공평한가요?

109

지구의 자원은 고갈되고 있나요?

지구는 우리가 해마다 사용하는 자원의 일부만 새로 대체할 수 있어요. '지구 생태발자국 네트워크'라는 연구 집단은 해마다 사람들이 자원을 사용하고 쓰레기를 배출하는 양이 지구가 감당할 수 있는 양을 초과하게 되는 날을 계산해요.

2019년에 그날은 7월 29일로, 지금까지 중 가장 이른 날짜였어요. 이 말은, 지금 우리가 지구의 자원을 대체 속도보다 1.75배 빠르게 쓰고 있다는 뜻이에요.

이 연구 집단은 우리의 사용량을 계산하기 위해 우리가 소비하는 것을 전부 살펴봐요. 거기에는 이산화탄소를 빨아들이는 숲의 능력 같은 자원도 포함돼요. 연구 집단은 *모든 나라가* 2019년의 몇몇 부유한 나라처럼 살면, 지구가 몇 개가 필요한지도 계산했어요.

미국	지구 5개
오스트레일리아	지구 4.1개
러시아	지구 3.2개
일본	지구 2.8개
영국	지구 2.7개
중국	지구 2.2개
브라질	지구 1.7개
인도	지구 0.7개
세계 평균	지구 1.75개

우리에게 지구 다섯 개가 필요해질 일은 없어요. 희귀한 자원의 수요가 오르면 가격도 올라요. 그러면 사람들은 다른 자원을 사용하고 신기술을 개발하지요. 우리에게 지구는 하나뿐이라서 어떤 사람들은 새로운 행성을 찾는 것이 해결책이라고 말해요.

태양계에는 우리가 다 쓸 수도 없을 만큼 막대한 자원이 있어요.
지금은 우주여행에 엄청나게 많은 돈이 들지만, 기술이 발전하면 효과적인 방법으로
소행성에서 광물질을 얻고, 혜성에서 물을 얻으며, 심지어 달에 광산을 설치할 수도 있을 거예요.

사이키 16은 화성과 목성 사이에 있는 소행성이에요. 이 소행성은
전체가 대부분 철, 니켈, 금 등 금속으로 이루어져 있다고 알려져 있어요.
이 소행성의 가치는 약 700,000,000,000,000,000,000달러로 여겨져요.
그 돈은 지구의 인구 76억 명 모두에게 920억 달러씩 줄 수 있을 만큼
엄청난 금액이에요.

모든 사람이 갑자기
그렇게 큰 돈을 갖게 되면
지구 경제는 박살날 거야.

화성 이주는 좋은 생각인가요?

인간을 화성으로 보내는 일의 경제적 측면은 계산하기가 더 어려워요.
화성은 너무나 멀기 때문에 화성에 가는 데 *막대한* 비용이 들어요.
특히 여러 가지 물건을 가지고 가야 한다면 더욱 그렇죠.
그보다 적은 비용으로 우주에서 자원을 얻는 방법이 있을 거예요.
하지만 그렇다고 노력을 멈추면 안 돼요. 달 착륙 이후
달에 가서 살게 된 사람은 아직 없지만, 우주 탐사에 큰돈을 투자하면서
지구의 삶을 개선시킨 많은 발명품이 태어났어요.

- 태양광 패널
- 휴대용 진공청소기
- 메모리폼 매트리스
- CAT 스캐너
- 긁힘 방지 유리
- 무선 헤드폰
- 귀 체온계
- 노트북 컴퓨터
- 컴퓨터 마우스
- LED 전구
- 정수기
- 분유

너무도 많은 질문

경제학자들은 많은 질문을 했고, 그중에는 경제학과 상관없어 보이는 것들도 있어요.

몇 월에 태어나는 게 가장 좋을까요?

미국이나 유럽에서는 9월에 태어나는 것이 가장 좋아요. 연구자들은 9월에 태어난 아이들이 자신감이 더 많고, 대학 진학률도 높고, 범죄율도 떨어진다는 것을 알아냈어요.

미국과 유럽 등 많은 나라들이 9월에 새 학년을 시작해요. 그래서 9월에 태어난 아이들은 학급에서 가장 나이가 많아요. 어린 시절에는 그 작은 경험의 차이가 큰 이점이 되어서 어린이들에게 자신감을 심어줄 수 있어요.

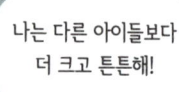

나는 다른 아이들보다 더 크고 튼튼해!

같은 원리가 스포츠에도 적용돼요. 예를 들어 유럽의 프로 축구 선수들은 1월에 태어난 사람이 많아요. 각 연령별 팀이 1월을 기준으로 만들어지기 때문이죠.

미국 프로 야구 선수들은 8월생이 많아요. 이유는 똑같아요.

무엇이 기근을 일으키는가?

한 도시, 지역, 나라에 식량이 부족해지는 일을 **기근**이라고 해요.
인도 경제학자 아마르티아 센은 많은 기근 사례를 분석하다가 놀라운 사실을 발견했어요.

기근은 식량이 부족해서 생기지 않습니다.

기근은 식품이나 노동의 가격이 변해서 사람들이 버는 돈으로는 가족을 먹여 살릴 수 없을 때 생깁니다.

식량이 충분히 생산되고 있어도 사람들은 굶주릴 수 있어요. 기근은 대개 식량 분배의 문제 때문에 생기기 때문이에요.

센도 1940년대에 벵골 지역에서 기근을 겪었어요. 그때 벵골은 쌀을 평균 이상으로 수확했지만, 수백만 명이 굶어 죽었어요. 오르는 식품 가격을 노동자의 임금이 따라잡지 못했기 때문이에요.

센은 이런 획기적인 연구로 1998년에 노벨 경제학상을 받았어요.

처음 판단을 믿어야 할까요?

연구에 따르면, 시험을 볼 때 75퍼센트의 학생들이 처음에 떠오른 답이 맞을 거라고 생각해요.

안타깝게도 그 생각은 **틀렸어요**.
백 년 동안의 실험들을 살펴보니, 왠지 답을 바꿔야 할 것 같다는 느낌을 믿은 사람들의 성적이 더 높았어요. 답을 바꾸면 맞는 답을 틀리게 하는 경우보다 틀린 답을 맞게 할 확률이 높았어요.

프랑스 혁명은······ 1776년이었나?

으으! 1789년이었나?

인플루언서들은 왜 그렇게 잘나가나요?

인플루언서는 SNS에서 자신의 생활 방식을 광고하며 많은 구독자에게 영향을 미치는 사람을 말해요. 오늘날 인플루언서 경제는 세계적으로 수백 조 달러에 이르러요.

놀랍게도 인플루언서들의 성공 요인 가운데 하나는, 백여 년 전에 이미 미국의 경제학자 시어도어 베블렌이 발견했어요.

베블렌에 따르면, 사람들은 부를 과시하는 물건을 사고 싶어 하고, 살 능력이 없는 물건을 사고 싶어 해요. 이것을 **과시적 소비**라고 불렀어요.

옛날 사람들은 그런 소비를 주변 사람들에게만 과시했지만, SNS의 잘나가는 인플루언서들은 수백만 명에게 다가갈 수 있어요. 많은 기업은 이런 인플루언서의 광고 효과를 인식했지요.

인플루언서의 활동 방식

기업이 인플루언서에게 비싼 물건을 공짜로 줘요.

인플루언서가 그 물건을 착용한 동영상을 올려요. SNS 구독자들은 평범해 보이는 사람이 고급 선글라스를 낀 모습을 봐요.

팬들은 인플루언서처럼 되고 싶어서 자신들도 그 물건을 사요.

인터넷 쇼핑은 클릭 몇 번이면 구매할 수 있기 때문에 값비싼 물건도 갑자기 충동 구매하기 쉬워요. 그러니 항상 조심하세요. 곳곳에 상술이 숨어 있다는 걸 잊지 마세요.

사각 지대

사람들이 돈을 쓸 방법을 결정하는 일이나 기업이 누굴 채용할지 고민하는 일, 정부가 경제를 운영하려고 노력하는 일에서 흔히 관심 밖으로 밀려나는 사람과 일들이 있어요.

비공식 시장

어떤 노동자와 기업은 겉으로 드러나지 않아요.
공식 등록을 하지 않아서 세금도 내지 않지요.
이런 일은 경제를 측정하기 어렵게 만들어요.
또 정부는 이런 기업을 규제해서 노동자들을 보호할 수 없어요.

이 노점을 키우고 싶지만 정부에 허가를 받지 못해서 은행에서 돈을 빌릴 수가 없어.

아무리 열심히 육아를 해도, 육아로 돈을 벌 수 없어.

여성

특정 집단을 무시하면, 정부는 불공정한 결정을 내릴 수 있어요. 예를 들어 정부가 유아 교육 지출을 줄이면, 남자보다 여자들에게 더 큰 영향을 미쳐요.

이제 찰리를 키우려면 일을 그만둬야 해요.

인종

성별이나 인종을 이유로 똑같은 기회, 임금, 권리를 주지 않는 일을 **차별**이라고 해요.

미안합니다만 불합격입니다.

내가 인종이 달라서인가요?

이런 차별이 벌어지면, 특정 집단은 실업률이 더 높아지고, 기업은 사람들의 재능을 제대로 활용하지 못해요.

은행

경제학자들은 최근까지 한 나라의 경제를 모형으로 만들 때 은행을 끼워 넣지 않았어요. 은행 업무가 복잡해서이기도 하지만, 은행들은 그저 사람들의 예금을 맡아 주고 돈을 빌려주는 일을 할 뿐이라고 가정했기 때문이에요.
그 생각은 맞는 것 같아 보였지만, 2007년에 세계 경제를 뒤흔든 은행 위기가 일어났어요.

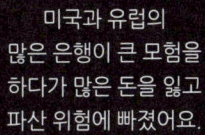

미국과 유럽의 많은 은행이 큰 모험을 하다가 많은 돈을 잃고 파산 위험에 빠졌어요.

은행이 대출을 중단하자, 기업이 문을 닫고 사람들은 직장과 집을 잃었어요. 많은 나라가 경제 불황에 빠졌지요.

경제학자들은 이 위기의 모형을 만들고 해결책을 찾으려고 노력했어요.

그 뒤로 경제학자들은 은행이 일으킬 수 있는 위험의 모형을 만들려고 했어요.

그리고 정부들은 은행이 모험을 줄이도록 하는 규칙을 만들었죠.

이 나무를 베어서 써야겠어.

그러지 마! 우리는 인간을 위해 많은 일을 하고 있어!

자연

우리는 자연의 혜택을 잊기 쉽지만, 우리가 생산에 쓰는 자원은 모두 자연에서 오고, 쓰레기를 자원으로 되돌리는 것도 자연이에요.

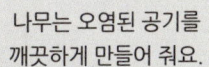

나무는 오염된 공기를 깨끗하게 만들어 줘요.

흙은 물을 깨끗하게 걸러 주고, 농작물이 자라게 해 줘요.

작은 육식동물은 농작물을 해치는 벌레를 잡아먹어요.

사람들이 쓰레기를 너무 많이 만들거나 자원을 너무 많이 사용하면, 자연은 더 이상 우리에게 혜택을 베풀지 못해요. 이런 일을 외부 효과라고 해요(64쪽 참고). 경제학자들은 경제의 이런 '드러나지 않는' 부분들을 점점 더 많이 연구하고 있어요.

큰 질문들

어떤 경제학자들은 '성공적인 경제란 무엇인가?' 같은 큰 질문을 놓고 토론해요.
여기 몇 가지 다양한 답이 있어요.

내가 생각하는 성공적인 경제란 사람들이 지구를 해치지 않으면서 기본적인 필요를 충족하는 경제예요. 그건 도넛하고 약간 비슷해요.

영국 경제학자 케이트 래워스

딱 맞아

너무 적어도 곤란
도넛의 가운데 구멍은 사람들의 기본적 필요와 권리가 충족되지 않는 공간이에요.

너무 많아도 곤란
환경에 너무 큰 압력을 주면 도넛 바깥으로 넘쳐, 물 부족 같은 문제에 시달리게 돼요.

나는 더 부유하고 GDP가 높을수록 성공적인 경제라고 생각해요.

미국 경제학자 리처드 이스털린

하지만 나라에 돈이 얼마나 있느냐보다는 국민들의 행복이 더 중요하지 않나요?

사람들에게 행복을 주는 일은 대체로 돈이 들어요. 공원, 깨끗한 거리, 건강 모두요.

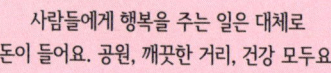

하지만 다 그렇지는 않아요! 부유한 나라라고 최고로 행복한 것도 아니고, 사람들이 돈만 있으면 다 행복해지는 것도 아니에요. 원하는 것을 선택할 자유, 정부에 대한 신뢰, 서로 돕는 공동체도 모두 중요해요.

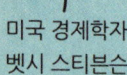

미국 경제학자 벳시 스티븐슨

이런 큰 질문에 대한 답은 한 가지가 아니에요.
많은 정부가 이런 여러 가지 목표를 모두 달성하려고 노력해요.

작은 질문들

반대로 훨씬 작고 구체적인 질문에 초점을 맞추는 경제학자들도 있어요.
2003년에 인도 경제학자 압히지트 바네르지와 프랑스 경제학자 에스테르 뒤플로는
'빈곤 행동 연구소'를 만들었어요. 이 연구소는 어떻게 하면 더 많은 사람이 모기장을 사용해서
말라리아에 걸리지 않게 할 수 있을까? 같은 현실적 문제의 해결책을 찾아요.

문제 : 말라리아는 모기가 옮기는 병이에요. 2017년에 2억 1,900만 명이 말라리아에 걸려서 43만 5,000명가량이 죽었어요.

살충제 처리를 한 모기장을 치고 자면 말라리아를 효과적으로 막을 수 있지만, 모기장이 없는 사람이 많아요.

질문

모두 모기장을 사게 하려면 모기장 가격이 얼마여야 할까?

공짜?

조금이라도 돈을 내고 사야 사용할 확률이 높아지지 않을까?

빈곤 행동 연구소의 원칙은 해결책이 실제로 통한다는 증거를 찾은 다음에 그것을 추천한다는 거예요.

의사들이 약을 시험하는 방식을 흉내낸 거예요. 우리는 비슷한 사람들에게 공짜로 모기장을 주거나 60센트에 파는 시험을 했어요.

모기장을 제 돈을 주고 구입하면 더 가치 있게 여겨서 모기장을 더 잘 사용하지 않을까 생각했어요.

시험 : 케냐에서 모기장 가격이 사람들의 실제 사용에 어떤 영향을 미치는지 시험하기 위해 모기장을 주면서 A 또는 B의 조건을 달았어요.

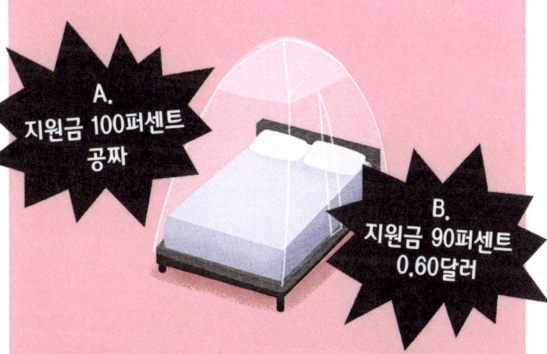

A. 지원금 100퍼센트 공짜

B. 지원금 90퍼센트 0.60달러

결과 : A를 제안 받은 사람은 65퍼센트가 모기장을 받아갔지만, B를 제안 받은 사람은 15퍼센트만 받아갔어요. 모기장이 공짜건 아니건 모기장을 사용한 정도는 비슷했어요. 그래서 모기장을 공짜로 주는 게 더 효율적이었지요.

세상을 이해하기 위한 방법

세상은 크고 복잡하고 계속 변해요. 경제학은 세상을 이해하는 방법을 찾는 거예요.
여기에는 숫자를 사용하는 것부터 자료에 대해 질문하는 것까지
여러 방법과 기술이 있어요.

비교하기

숫자가 하나만 있으면 그것이 얼마나 큰지 작은지
알 수 없기 때문에, 다른 것과 비교해야 해요.

쿠리어 신문
악어에게 죽은 사람 2017년에 161명

이 기사는 끔찍해 보이지만, 다른 동물과 비교하면
악어는 사람에게 크게 위험한 동물이 아니에요.
질병을 옮기는 모기 때문에 일 년에
40만 명가량의 사람들이 죽어요.

나누기

큰 숫자를 좀 더 의미 있게 만드는 방법 하나는,
전체 인구처럼 전체로 나누는 거예요.

중국은 2017년에 아이슬란드보다 탄소를 2,720배 더 많이 배출했어요.

너무 하네요. 중국은 당장 탄소 배출을 줄여야 해요.

하지만 이 숫자를 두 나라의 인구로 나누면,
중국의 탄소 배출량은 아이슬란드보다 1.5배 적어요.
그러면 문제를 바라보는 시각이 달라질 수 있지요.

그래프의 눈금 살펴보기

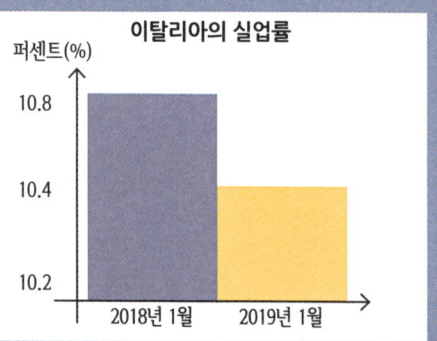

이탈리아의 실업률

이 그래프는 실업률이 일 년 사이에
절반으로 떨어진 것처럼 보이지만,
실제로는 겨우 0.4퍼센트 떨어졌어요.

데이터의 신뢰성 살펴보기

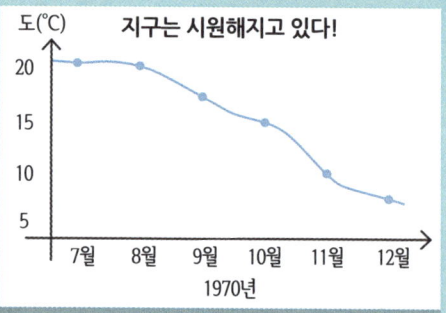

지구는 시원해지고 있다! (1970년)

이 그래프를 보면 확실히 기온이 내려가지만,
여름에서 겨울까지만 있기 때문에
당연히 기온이 내려갈 수밖에 없어요.
거기다 데이터가 50년 전의 것이기도 하지요.

이제 무엇을 해야 할까요?

경제학은 아주 복잡해요. 하지만 우리는 이제 경제학을 이해할 수단이 생겼으니, 생활 속에 적용해 볼 수 있을 거예요.

낱말 풀이

다음은 이 책에 나온 주요한 단어들의 뜻을 설명한 거예요. *이탤릭체*로 쓰인 단어는 이 낱말 풀이 안에 설명되어 있는 단어라는 것을 의미해요.

거시 경제학 온 나라 또는 전 세계에 영향을 미치는 선택들에 대한 연구.

경제 물건을 함께 소비하고 *생산*하고 거래하는 사람들의 공동체.

공공 서비스 정부가 *세금*으로 모두에게 제공하는 것들.

공급 *시장*에서 무언가를 살 수 있는 양.

공산주의 정부가 생산을 관리하는 방식이 모두에게 더 공정하다는 사상에 기초한 경제 체제.

과점 소수의 기업이 시장을 지배하는 일.

관세 다른 나라에 제품을 팔 때 그 나라의 정부에 내는 *세금*.

국내 총생산(GDP) 한 나라의 모든 국민과 기업이 만들어 내는 부의 총량.

규제 *시장*이 공정하게 돌아가고, 기업이 지나치게 강해지지 않도록 정부가 만드는 규칙.

기반 시설 도로망, 전력망, 경찰 등 한 공동체의 사람들이 살아가는 데 필요하지만 직접 돈을 내고 쓰지는 않는 여러 가지 것들.

기회비용 사람이 한 가지 선택을 하면 다른 것들을 선택할 수 없어요. 이때 선택하지 않은 것들을 기회비용이라고 해요.

노동 사람들이 무언가를 *생산*하기 위해 하는 모든 일. 육체노동뿐 아니라 아이디어를 내는 일, 사람들에게 지시를 내리는 일도 노동이에요.

독점 한 기업이 *시장*을 지배하는 일.

모형 아이디어를 시험하고 질문의 답을 찾기 위해 현실을 간단하게 만든 것.

무역 *시장*에서 *제품*을 사고파는 일.

무역 블록 둘 이상의 나라가 시장에 영향을 미치는 *관세*나 *규제* 같은 규칙을 공동으로 적용하기로 합의하는 일.

무역 전쟁 둘 이상의 나라가 서로의 제품에 *관세*를 매기는 일.

미시 경제학 기업, 가계 등의 소규모 *경제*가 하는 선택에 대한 연구.

불평등 특정 사람들이나 나라가 평균적으로 다른 사람들이나 나라보다 부유한 것.

비용 기업이 *생산*을 위해 쓰는 돈.

빈곤 사람들이 돈이 부족해서 생활에 꼭 필요한 의식주 등을 마련하지 못하는 일.

생산 주로 거래를 하기 위해서 *자원*으로 무언가를 만드는 일.

세계화 전 세계 여러 나라와 기업이 점점 더 밀접하게 연결되는 과정.

세금 개인과 기업이 정부에 내야 하는 돈.

소득 기업이 무언가를 *생산해서* 버는 돈.

수요 사람들이 무언가를 사고 싶어 하는 양.

수익 기업이 번 돈으로, 소득에서 *비용*을 빼고 남은 액수를 말해요.

시장 사람이나 기업이 물건을 사고파는 모든 장소. 가게도 사무실도 인터넷도 다 시장이 될 수 있어요.

시장 실패 *시장*에서 어떤 일이 구매자나 판매자에게 공정하거나 안전하지 않은 경우.

실업 한 *경제*에서 특정 시기에 일자리가 없는 사람들의 수.

외부 효과 생산자가 아니라 주변 사람들이 부담하는 비용으로, 제품의 가격이 진정한 비용을 반영하지 않기 때문에 시장 실패의 한 예에요.

유인 사람들이 특정한 선택을 하도록 만드는 이득.

이자 사람, 기업, 정부가 돈을 빌렸을 때, 그 빌린 돈에 덧붙여서 갚는 돈.

이자율 돈을 빌리면 *이자*를 얼마만큼 내야 할지 알려 주는 숫자로, 대개 중앙은행이 결정해요.

인플레이션 시간이 흐르면서 물건의 가격이 올라가고 돈이 가치를 잃는 일.

잉여 사람, 기업, 정부가 필요한 것보다 더 많은 *자원이나* 제품을 가지고 있는 일.

자본 물건을 좀 더 효율적으로 *생산하게* 도와주는 모든 것. 돈뿐 아니라 복잡한 기술이나 창의적인 아이디어도 포함해요.

자본주의 정부가 아니라 개인과 사기업들이 생산을 관리하는 경제 체제.

자원 사람들이 살아가거나 *생산에* 쓰는 데 필요한 것.

지원금 정부가 사람이나 기업에 돈의 형태로 주는 *유인*.

특화 사람, 기업, 나라가 특정한 물건의 생산에 집중하는 일.

혼합 경제 정부와 기업이 물건을 생산하는 일.

효용 사람들이 다양한 선택에 매기는 가치의 크기.

희소성 수요를 채워 줄 *자원과* 제품이 대체로 충분하지 않은 일. 그래서 사람들은 원하는 것과 분배 방법을 두고 선택을 해야 해요.

경제학에 관련된 직업들

경제학을 공부하는 것은 사람들뿐 아니라 시장, 정부까지 많은 일이 돌아가는 방식을 이해하기 위해 노력하는 일이에요. 경제학은 다양한 직업과 연결되어 있어요. 이 직업들 중 많은 수가 높은 임금을 받고, 몇몇 직업은 막강한 권력도 가져요.

건설 견적가 건설 현장의 모든 일을 감독하고 조언해요.

경영 컨설턴트 기업과 기타 조직들을 더욱 효율적으로 운영하도록 도와줘요.

경제학자 경제학을 연구하고, 경제학 관련 글을 쓰고, 가르치기도 해요.

공무원 정부에서 정책을 실행하고 나라를 효율적으로 운영하도록 일해요.

금융 분석가 시장, 기업, 정부 규제를 연구해서 이런 것이 어떤 영향을 미칠지 예견해요.

데이터 과학자 모든 종류의 정보를 연구하고, 그 정보에 담긴 내용을 분석해서 사람들에게 제공해요. 정책이 얼마나 잘 적용되는지 시험하는 것도 데이터 과학자의 일이에요.

보험 계리사 여러 가지 사건이 미래에 일어날 확률을 계산해요. 사람이 얼마나 오래 살까 계산하는 것도 그런 일 가운데 하나예요.

사업 개발자 기업이나 기타 조직이 성장할 방법을 찾아 주고, 기업들 사이의 관계를 개선해서 모두가 성장할 수 있게 해 줘요.

예측 분석가 해운업 같은 특정 산업을 조사해서 산업을 얼마나 효율적으로 운용할 수 있을지 결정해요.

정책 입안자 세상을 더욱 바람직하고 공정하게 만들 아이디어를 생각해 내고 시험해요.

정치가 사람들이나 정당의 의견을 대표하고, 정책을 법으로 만들어요. 세계 곳곳의 대통령과 총리 중에는 경제학을 공부한 사람이 많아요.

증권 거래인 증권 거래소에서 고객을 대신해서 주식을 사거나 팔아 주고, 또 고객들에게 무엇을 사고팔지 조언해 줘요.

최고 경영자 기업이나 조직을 책임지고 운영해요.

투자 분석가 시장과 수익을 연구해서 사람과 기업이 돈을 어떻게 투자해야 좋을지 결정해요.

회계사 사람들이 돈을 얼마나 벌고, 저축하고, 썼는지 정리해서 알 수 있게 해 줘요. 개인이나 기업을 위해서도 일하고 정부에서도 일해요.

찾아보기

ㄱ

가격 10, 24~25, 28~31, 32~34, 43, 53, 56, 58~60
가격 거품 43
가격 붕괴 42
가벼운 개입 45
가치 24
거시경제학 75
게임 이론 63, 107
경쟁 51, 53, 58~61
경제 6~7, 9, 15, 20~21, 24, 70~72, 76, 78~80, 87, 114~115
경제 지표 80
경제 체제 65~69
경제학자 5, 8, 11, 38~39, 116, 119
고정 비용 52
공급 15, 28~33
공동체 49
공정성 11, 34, 39, 61, 81, 82
과시적 소비 113
과점 61~63
관세 92, 96~98
광고 59
구매자 24~25, 30
국내 총생산(GDP) 78~79
국제 무역 91~99, 106~107
규모의 경제 55
규모의 비경제 55
규제 61
균형 가격 30~31
그래프 10, 28~29, 31, 43, 110, 118
기근 112
기반 시설 72, 82
기술 19, 20, 41, 59, 100, 108, 111
기업 5, 9, 34, 41, 51, 52~56, 58~61, 78~79
기회비용 16~17, 95

ㄴ

노동 18~19
노벨상 49, 112

ㄷ

담합 63
대공황 84, 97
데이터 10~11, 118~119
도구 19
도넛 경제학 116
독점 34, 60~61
독점 규제법 61
돈 5, 6, 8, 16, 21, 24, 40, 45, 47
돈 빌리기 82

ㄹ

로봇 9
리처드 이스털린 116

ㅁ

매몰 비용 52
모델 10, 33, 37, 38, 44
무역 92, 96~97
무역 블록 98
무역 전쟁 97

ㅂ

벳시 스티븐슨 116
복권 44
불평등 89, 109
불황 79, 85
붕괴 43, 44
비공식 시장 27
비용 52~56
빈곤 9, 88~89, 101

빈곤행동 연구소 117

ㅅ

사이키 16, 111
산업 혁명 70
생산 18~21, 52, 55, 56, 78
생산성 19, 59
서비스 20, 52, 59
석유 파동 85
선택 4~6, 8~9, 16, 37, 38, 42~44, 48, 58
선택 설계 45
세계무역기구(WTO) 98
세계화 93, 99, 100~101
세금 8, 41, 72, 78~79, 81, 92, 105
세탁기 86~87
소득 52~53, 55
소비 14, 16, 21
소행성 111
수요 15, 28, 30~33, 53, 56
수요와 공급의 법칙 28~33
수익 51, 53, 55~56, 62~63
수입 92
수출 92
스포츠 8, 112
시어도어 베블렌 113
시장 23, 25~28, 31~32, 34, 54, 59, 61
시장 경제 70
신뢰 24
실업 76, 80, 87

ㅇ

아마르티아 센 112
암시장 27
압히지트 바네르지 117
애덤 스미스 31
앨프레드 마셜 31
에스테르 뒤플로 117
엘리너 오스트롬 49
예측 10, 44
오염 41
외부 효과 35, 64~65
우주 탐사 111
우파 73
위험 46~47
유인 40~41, 53, 65, 119
이기주의 39
이자 82~83, 85
인플레이션 80
인플루언서 113
일자리 9, 33
임금 80
잉여 20~21

ㅈ

자본 19
자본주의 70
자선 단체 8
자연 독점 60
자원 13, 15~16, 18~20, 48~49, 58, 68, 106, 110
자유 무역 9, 93, 98
재화 20, 52
전쟁 106~107
정부 5, 8, 10~11, 33~35, 40~41, 49, 59~60, 70~73, 75, 77, 81~83
정책 75
조립 라인 59
존 로빈슨 11
존 롤스 109
존 메이나드 케인즈 84
좌파 73
주식 시장 27
지구 생태발자국 네트워크 110
지원금 65

ㅊ
차별 114
창조적 파괴 59
최후통첩 게임 39

ㅋ
칼 마르크스 71
케이트 래워스 116

ㅌ
탄력성 32
특화 20~21, 54~55, 59

ㅍ
판매자 24~25, 30
편향 44~45

품질 59
프레이밍 편향 45

ㅎ
한계 분석 56~57
행동 경제학 37, 39, 41, 43
헌혈 41
호모 에코노미쿠스 38~39
혼합 경제 72~73
화성 111
환경 8, 48~49, 64, 79, 110, 115
효용 16~17, 24~25, 38, 57
효율 19, 20, 43, 55, 58
희소성 5, 13, 15

만든 사람들

라라 브라이언, 앤디 프렌티스 글

페데리코 마리아니 그림

고정아 옮김

제이미 볼, 프레야 해리슨
디자인

데이비드 스톨리브래스,
페드루 세로디우
(미들섹스 대학교 제일 원리 경제학 교수) 감수

제인 치즘 시리즈 편집

스티븐 맨크리프
시리즈 디자인

어스본 출판사는 어스본 바로가기에서 추천하는 웹사이트들을 규칙적으로 확인하고 있습니다. 하지만 추천 웹 사이트 외에 다른 웹 사이트의 내용에 대해서 책임지지 않습니다. 다른 추천 사이트들을 살펴보다가 바이러스에 걸릴 경우, 어스본 출판사는 피해에 대해 책임지지 않습니다.

한국어판 1쇄 펴냄 2020년 10월 1일 | 1판 4쇄 펴냄 2021년 5월 31일
옮김 고정아 편집 박희정 디자인 황혜련 펴낸곳 (주)비룡소인터내셔널 전화 02)6207-5007 팩스 02)515-2007
한국어판 저작권 ⓒ 2020 Usborne Publishing Ltd.

영문 원서 Economics for Beginners 1판 1쇄 펴냄 2020년
글 라라 브라이언 외 그림 페데리코 마리아니 디자인 제이미 볼 외 감수 데이비드 스톨리브래스 외
펴낸곳 Usborne Publishing Ltd. usborne.com
영문 원서 저작권 ⓒ 2020 Usborne Publishing Ltd.

이 책의 영문 원서 저작권과 한국어판 저작권은 Usborne Publishing Ltd.에 있습니다.
저작권법에 의하여 한국 내에서 보호를 받는 저작물이므로 무단전재와 복제를 금합니다.
어스본 이름과 풍선 로고는 Usborne Publishing Ltd.의 트레이드 마크입니다.

*이 책에는 네이버 나눔글꼴을 사용하였습니다.